全国小学生校园美文精品集萃丛

收藏一角春天

《语文报》编写组 编

时代文艺出版社

图书在版编目（CIP）数据

收藏一角春天 /《语文报》编写组编．—长春：时代文艺出版社，2018.8（2023.6重印）
（“七色阳光小少年”全国小学生校园美文精品集萃丛书）

ISBN 978-7-5387-5894-8

Ⅰ．①收… Ⅱ．①语… Ⅲ．①作文－小学－选集 Ⅳ．①H194.4

中国版本图书馆CIP数据核字（2018）第125467号

出 品 人　陈　琛
产品总监　郭力家
责任编辑　徐　薇
装帧设计　孙　利
排版制作　隋淑凤

收藏一角春天
《语文报》编写组 编

出版发行 / 时代文艺出版社
地址 / 长春市福祉大路5788号　龙腾国际大厦A座15层　邮编 / 130118
总编办 / 0431-81629751　发行部 / 0431-81629758
官方微博 / weibo.com / tlapress
印刷 / 北京一鑫印务有限责任公司
开本 / 700mm × 980mm　1 / 16　字数 / 153千字　印张 / 11
版次 / 2018年8月第1版　印次 / 2023年6月第5次印刷　定价 / 34.80元

图书如有印装错误　请寄回印厂调换

编 委 会

目录

我就想做阵风

蒲公英之旅

怀念那时光脚丫

十里画卷漓江行

窗前的那一株小花

我就想做阵风

我想做个风的“旅行家”。荡一荡世界上不同种类的柳条，戏一戏世界上不同种类的落叶，闻一闻世界上不同种类的茶花，走一走世界上不同的角落。轻轻翻起海浪，远远地观赏唯美的日暮景象。

可恶的口疮

吴宇峥

已经是傍晚了，瑰丽的夕阳，只在西山露出脑袋，绯红绯红，好似饱饮了玫瑰酒似的，涨溢出光和彩。夕阳的伴娘——晚霞，在它的身边飘荡，略显羞涩，却依旧遮不住倾国倾城的美。

“丁零零……”电铃拖着疲惫的身躯发出最后一声嘶哑的铃声。放学的钟声已经敲响，我疾步向家冲去，一阵阵风从耳旁拂过。回到家，水都没来得及喝，我便放下书包，奋笔疾书……这样过了不知多长时间，耳畔传来妈妈的催促声。该吃饭了，我狼吞虎咽，只为早些完成作业，与游戏来场“约会”。可不料，天有不测风云，在我牙齿上下快速咬合之际，竟不小心把嘴唇当作粉嘟嘟的牛肉，“咔嚓”一下迅猛有力地咬了下去。随之而来的是钻心的疼痛，舌头似乎也舔到了几丝血腥味儿。糟糕！皮破了！我的大脑迅速反应过来，果然心急吃不了热豆腐，又要挨老妈一顿“五雷轰顶”了……

如果你以为这就结束了，那你就大错特错了！

次日，太阳刚从地平线跃至山头，我打了个哈欠，发现口中严重缺水，嘴唇也失去了原有的光泽与红润，我见状，立刻以迅雷不及掩耳之势穿衣，飞身下床。拿起牙膏牙刷，有条不紊地工作起来。可牙刷那扎人的细毛一个不小心，误入“禁地”——触碰到了口疮。全身的“快意”霎时灰飞烟灭，随之而来的疼痛由口腔迅速蔓延至全身，“哦！哦……”痛哉，痛哉……

度日如年，我在口疮的陪伴下，“艰难”地走过了上午。中午放学，我迈着有气无力的步伐走回家，刚缓缓卸下“重负”，便有一股清甜的香气自厨房飘入我的鼻孔。那味道如清流般流遍全身，整个人如同处在温泉之中，每一个毛孔都叫嚣着舒畅，只觉得身体内所有的燥热都被驱赶走了，连一颗浮躁的心都平稳下来，有力而平缓地跳动着。我顿时“口水直下三千尺”，二话不说，奔向厨房。我的双眼冒着金光，四处搜寻，最终将目标锁定在香气扑鼻的红烧排骨上。那排骨红通通的，上面还浇着晶莹的酱汁。我迫不及待地夹起一块，放入口中，刚想嚼一嚼，不料，酱汁再次侵入我的伤口，我重温那疼痛，恍若光着身子穿行在非洲原始森林，到处荆棘丛生，扎得我遍体鳞伤。眨眼之间，我从希望的顶峰坠入到了绝望的低谷……

我揉揉深受其害的脸，方悟出“欲速则不达”的真谛。唉，心急吃不了热豆腐，一切还得从“慢”开始……

享受离别

王　珏

“怀抱既然不能逗留，何不在离开的时候，一边享受，一边泪流……”两只小白蝶在草丛里嬉戏着。我走在回家的羊肠小道上，怀里仿佛还残留着外婆身上的兰花香。

"阿婆！"望着正在帮我收拾行李的阿婆，憋了许久的我终于忍不住了，"我明天就要走了！""哦，我知道了。"阿婆听了这话，愣了一两秒，随即又笑着说，"阿婆真替你高兴！"我抿了抿嘴，想说点儿什么可又不知道如何开口。只见阿婆在快速地往旅行包里塞这塞那：手套、围巾、火腿肠，还有我最爱吃的甜饼……

"天冷，别冻着，走之前记得带上那件白外套！"阿婆说这话时没看我，而是定定地望着屋外的那棵兰花树。"嗯。"我点点头，忽地跑出门外去了。我不想离开这里，这儿有山，有水，更重要的是这里有我最亲爱的外婆。我看着兰花，闻着兰花香，看着今晚不一样的星星，想着，想着，不知不觉就在兰花树下睡着了……

早上起来，天还未破晓，只有天边那一抹亮亮的鱼肚白。睁开眼，身上不知何时加了一块厚厚的棉被。翻身坐起，兰花香灌满了整个鼻腔。我站起来，直奔屋里去，阿婆却不在。朝门前的小河望去，原来阿婆在洗刷锅碗。

我拿起旅行包，朝河边走去，腿像是被灌满了铅，每迈出一步都好难。"阿婆，我走了。"我没有走近，远远地喊道。"好，去吧！"阿婆也没有回头，用力地洗刷着锅碗，一片嘈杂的水声和锅碗的敲击声。我挠了挠头，转过身走了几步，忍不住回头望去。阿婆拼命地洗刷着锅碗，水溅到她的脸上、围裙上、鞋子上……"阿婆，我走了，你多保重！"我朝着阿婆那儿大喊。那"砰砰——唰唰——"的声响更大了，恍如雷霆震耳，一直环绕在耳边。

我转身继续走，忽然，身后传来一声大喊："不要走！"我猛地回头，阿婆正边哭边向我这儿跑，头发上、衣角上都还滴着水。她一把抱住了我，紧紧地。我把头埋在阿婆的肩上，像哄孩子一样哄着阿婆。阿婆大哭着，死死抓住我不放……我闻着阿婆身上那若有若无的幽幽兰花香，忽然觉得很满足，很满足。那一刻，我甜蜜地享受着这份浓浓的牵挂和惦记……终于，我走了，阿婆站在远远的山丘上向我招手，我也向她远远地招着手。

“怀抱既然不能逗留，何不在离开的时候？一边享受，一边泪流……”两只小白蝶在草丛里嬉戏着。离别是为了相聚，我要学会享受离别，享受离开时浓浓的爱。

我就想做阵风

梁玉燕

若是有轮回，我愿做阵风。

清风的脚步从没有人可以阻挡，遨游于天地之间，自由自在，无忧无虑。世上最美好的事不过如此。

早晨，清风早早地醒来，怀抱着第一抹温暖的晨曦，穿梭于山间，吵醒了所有贪睡的嫩芽儿，吹开了漫山的茶花，这时，仿佛天地间满是碧螺春的气息。

日暮，晚霞染红了海水，海浪轻轻地拍打礁石，也别有一番情趣。清风倚在礁石上，享受着这磅礴却柔美的景象。

傍晚，月光似水，倾洒在海面上，海面渐渐平静；倾洒在沙滩上，给沙滩蒙上了一层银白的帷幔；连穿梭于天地之间的清风也不例外，穿上了白纱裙，它不肯打扰了这份宁静，踮着脚尖，提起裙摆。

若是有轮回，我愿做阵清风。

我想做个风的“义工”。我愿把山中茶花的香味带到城市，驱散熏天的臭气，别再危害其他生灵。我愿把花种带到各个屋檐、花园，让这片美好扩散在全世界。

我想做个风的“旅行家”。荡一荡世界上不同种类的柳条，戏一戏世界上不同种类的落叶，闻一闻世界上不同种类的茶花，走一走世界上不同的角落。轻轻翻起海浪，远远地观赏唯美的日暮景象，结识不同的伙伴，轻轻亲吻孩子熟睡的脸庞，祝福他们一世无忧。

若是有轮回，我愿做阵清风，一世无忧。

水痘危机

王帅然

几个星期前，我班的周鑫出了水痘，但有些同学毫不在意，依旧十分“放肆”地和他打闹。结果，几天后，这些同学都陆续收到了周鑫赠送的“礼物”——水痘。

俗话说“一传十，十传百”，我班开始陷入了水痘危机中。每天早晨到班后，大家第一件事就是细数一下，今天谁又“遇难”了，谁还“幸存”着。要说，受灾最严重的要数第四组，全组只剩下赵俊凯一人“坚守阵地”，别的同学都隔离回家了。老师虽然使出了各项招数：喷消毒水、用紫外线灯杀菌、让同学们戴口罩……但是，收效甚微，仍有同学陆续“中弹”。水痘似乎铆足了劲儿，要与大家作对。同学们陷入了“水痘恐慌”之中，人人谈“痘”色变。

妈妈也是想尽了办法，帮我抵御水痘病毒的侵害：到家就洗手、洗脸，勤换衣服，不去人多的场所，喝“板蓝根”预防……我也在心

里暗暗祈祷："仁慈的水痘大王，请饶了我吧！我可不想因为水痘而停课呀！"

唉，千防万防，我终究还是没能逃过水痘的魔爪。连发了三天的热后，我的胸口上出现了三四个带着水泡的红疙瘩，经妈妈鉴定——就是水痘！接下来的一天里，水痘如雨后春笋般侵占我的前胸、后背、四肢、头……我的全身都被水痘覆盖了！

那该死的水痘将我这个"帅哥"变成了"丑男"也就罢了，它还奇痒无比，让我坐立难安。妈妈一再警告我不能用手挠，否则水痘会扩散，还会留下难看的疤痕。可是，没出水痘的人哪能体会那种疼痛难忍的感受？每一分，每一秒，对我来说都是痛苦的煎熬。我强忍着不去挠，哪儿痒就隔着衣服拍打几下，或是蹭几下。有一天，我实在痒得受不了了，趁妈妈去上班之际，狠狠地"教训"了一下这些可恶的家伙。我一连"干掉"（抓破）了好几个水痘，虽然解了心头之恨，可却遭了更多的罪——晚上，妈妈帮我涂药水和药膏时，渗进破皮的地方，疼得我龇牙咧嘴，苦不堪言。唉，真是自作自受啊！

这样痛苦的日子过了三四天后，水痘开始陆续"焦头"（结痂）了。看着一个个水泡瘪了，结成了一个个丑陋的痂，我真担心从此变成个丑八怪。妈妈叮嘱我要吃得清淡些，不能吃辛辣、油炸和含酱油的食品，否则会留下疤痕。这对于我来说又是一种折磨——红烧肉、鱼、虾、鸡腿……我只能对着它们猛咽口水了！

终于，在历经了三个多星期的煎熬后，水痘悄悄地从我身上"撤军"了。一切禁令终于解除了，我战胜水痘了！

像草一样生活

郭子逸

不是每一个人都能成为光芒四射的鲜花，大多数人都是平凡的小草，都需要像草一样以一颗纯净的心对待生活。

在属于花的舞台上，草甘心当配角。春回大地，万物复苏，百花争艳，姹紫嫣红。在这个美丽的季节，多少诗人挥笔吟诵，写下赞美百花的诗句；而草只是默默地生长，铺满整片大地，甘当背景，让花可以尽情地展现它的美。这是怎样一种无私的精神！在属于别人的季节，甘心做一个配角，让主角尽情地表演。

在机会来临时，草展现出自己蓬勃的生命力。常听人说“夏草疯长”，是的，夏天，花期已过，草便在这个属于自己的广袤空间里尽情地生长。人也应该像草一样地生活。在时机没有到来之前，默默积蓄力量，甘当舞台配角；一旦机会降临，好好珍惜，拼尽全力，在属于自己的舞台上，尽情释放。唯有如此，才能不留遗憾。

即使失败再多次，也要默默地将破碎的希望之帆修好。“离离原上草，一岁一枯荣。野火烧不尽，春风吹又生。”拥有旺盛的生命力想必是草最大的优点了。它们不怕被火毁灭，火只能将它们露在地表的部分烧掉，却不能焚烧掉它们的根，等到来年春天，它们还会如期重生。在生活中，我们总是会遇到各种不如意，挫折与失败让我们伤痕累累，不敢再次远行。这时，何不像草一样，将希望根植在心灵的泥土中，在现实一次又一次鞭打我们时，不让其毁掉我们的自信，我们的骄傲！即使希望之帆一次次被巨浪卷入海底，我们仍要满怀信心地将它重新举起！

不是每个人每个时刻都能成为主角，所以我们要习惯平凡，并在平凡的日子里，追求一种不平凡的精神境界。

那吆喝声，走过四季

上官宸钰

那一声吆喝，给了童年最美好的期待；那一声吆喝，穿透岁月，最终酿成乡思的美酒。那一株核桃树，承载了幼年时的小小身影，也承载了长大后的牵挂和思念……走过岁月，总是会留下深浅不一的脚印，会留下亲情、友情的芳香，留下一串串怀念，写不尽，说不完，不管是那一瞬间的回眸，还是静思时的怀恋，抑或是逝去的过往，都那么值得回味。

他就这样出现在这个午后。

“磨剪子嘞，锵菜刀——”浑厚的嗓音挤开繁茂的树叶，惹得树叶轻轻抱怨。他又来了，那声音似在耳边，似在天边，悠悠扬扬，温婉动听。爷爷从层层翠绿间探出头来，对我说：“来，帮我把剪子拿去磨一磨。”

我乐呵呵地跑到院外。悠扬的吆喝声又一次响起，循声望去，只见一个黑色的背影，肩上扛着一条板凳，不疾不徐地走在树荫下。我追上去，请他帮我磨剪刀。

那黑黝黝的磨刀石上留下一道道刀痕，正如他额上被时光雕琢的痕迹，他手上，满是岁月碾过的伤痕。“嚓嚓……”他技法娴熟，动作如行云流水。我听着刀石砥砺的声音，不禁有些出神，直到看到刀锋泛出白光，我才回过神来。给过钱，道声谢后，那吆喝声又袅袅地远去了。

童年的记忆中，那吆喝声从新绿的春，步入深翠的夏，经由枫叶似火的秋，踏进漫天雪舞的冬。每一年，走过四季，每一季，悠悠飘扬。斜斜的花针雨毫无征兆地飘落，细如针尖的雨丝疏疏落落，掠过干枯的树枝，带着那吆喝声，带着童年的回忆，远去了。那悠悠的吆喝声终在岁月的长河中湮灭了。

雨天快乐

李海燕

或漫步在校园、街头，或看雨雪飘落，或观窗外月色灯影……不经意间，心有所感，笔下生花，这就有了随笔感悟。它是情和景的共鸣，是灵感的触发，是对生活、思想的归整。时常观察思考，是对思想的锤炼，亦是收集写作素材的好方法。于繁忙的学习中，感受雨天的宁静和美好，需要一种沉静不浮躁的心境；感受生命的动人心魄，也需要抬起头来，扩大视野……除了学习任务，青春里还有很多美好，你可感受到了？

嗒嗒嗒……豆大的雨点拍打着我的窗，扰乱了我的思绪。我从一堆大小不一、颜色各异的书中抬起头来。窗外的雨越下越大，屋檐上的雨水越积越多，一波波沿着我的窗户玻璃泻下来。

此时已渐渐入秋，窗外依然绿意盎然，雨水顺着叶片滴落到泥土里，散发出阵阵泥土的气味。这是入秋以来少有的一场雨。我捧着茉莉花茶，手心里传来阵阵温暖，在这个不大不小的房间里静静地听着雨声。我故意将窗户开一条小缝，任凭调皮的雨滴从窗缝里乘虚而入，跳进我的发丝和眼睛里。被雨水洗过的空气，夹着淡淡的自然的香，与茉莉花茶的香味交融在一起，沁入我的心脾。我突然觉得整个世界都安静下来了，只剩下我，只剩下雨……

快乐如此简单，仅仅是这样一场姗姗来迟的雨，我的心莫名地就被牵动了，我怀着淡淡的、惊喜的心情听完了这场雨。我多么希望它下得久一点儿啊！可我怎么能留得住它呢？就像你留不住一道绚烂的彩虹一样，彩虹总是会消散，雨总有停的时候。可我并不悲伤，我知道，该来的总会来，该走的也留不住，而不论它来还是去，我都是快乐的。

雨停了，我手中的茉莉花茶也凉了。虽然我留不住它，但是我想我一定会怀念这个时刻，怀念这安静的雨和曾经温暖我手心的茉莉花茶。

这就是我

夏 琳

身穿T恤、牛仔裤，脑后是马尾、彩色丝带，这就是我，一个洒脱的女生。

我是一个爱说、爱笑、爱唱的快乐女生。

只要谈到我感兴趣的话题，我就灵感大发，思如泉涌，这样一来，话匣子就很难关上了，那排山倒海的气势，那一发不可收的磅礴景象，可以说令在场的每个人哀叹连连。

怪谁呢？只能怪木讷的老爸和不苟言笑的老妈隐性基因"负负得正"，生出一个整日嘻嘻哈哈的"怪女儿"！古人有云，女子要"笑不露齿"，我偏不走寻常路，一笑就露出两颗招牌大门牙。我的笑声那才叫豪放、热情，惊天地泣鬼神，有人评价说，其杀伤力绝不亚于"虎头怪"！

天生嗓音沙哑却极爱唱歌的我常遭受打击。"哎，我说夏琳同学啊，嗓音不好不是你的错，但出来乱号就是你的不对了！""夏琳同志，别吼了！噪声有损健康！"……但这样就能阻止我唱歌吗？不！谁说公鸭嗓不能唱歌？阿杜、刀郎、张柏芝……不正是俺的同门师兄师姐吗？我就喜欢唱，开心就唱！要你们说！而且，我坚信，只要用心去唱，用情去唱，就会将歌唱好。

这就是我，一个叛逆而不失主见的开朗女生。

当“野蛮风”吹过大江南北、长城内外时，引出了一代代“追风者”，一批批“女汉子”接踵而至。别人说我是个彻彻底底的“女汉子”，但我认为自己只不过是一个敢爬树、嗓门大、走路步子大、脾气大的“假小子”而已，并非野蛮的“女汉子”。我可不想追风哟！

我就是我，特立独行的我！我不喜欢爸妈为我设计的人生道路，我有自己的想法，将来的路，我要按自己选的走！

我是女生，大大咧咧的女生；我是女生，洒脱的女生。我是大家心目中的“开心果”，我也是一个“怪女生”！

我的老师真“怪”

王　璐

当你第一眼看到这个题目时，一定会认为我太没礼貌了，怎么能随便说自己的老师“怪”呢？其实，真不能说我不尊重老师，实在是老师太“怪”了。

新学期，我们班由徐老师当班主任。他个子有些高，头发根根直立，一脸严肃劲儿，看上去还真有点儿像“鲁迅先生”呢。可开学才几个星期，我就满脸愁云，因为他的“怪”简直让我无法接受。

一般说来，哪个老师不喜欢优等生！徐老师应该也不例外。但渐渐地，我觉得他更喜欢后进生，课堂练习他都让后进生去板演；上课发言简直成了后进生的天下；课后，他更是和后进生形影不离，他们在课堂上没有接受的知识，他就不厌其烦地给他们讲解……

这些还不算什么，更让我无法理解的事还在后面。一次语文测验，我得了优秀，徐老师竟严厉地批评了我，说我考试态度不端正，因为试卷上很多错误都是由于我的粗心造成的。但有一个后进生只得了及格，徐老师不但没有批评他，反而还竖起大拇指连声说："好样的，有进步！"我听了之后，心里特别不是滋味，得了优秀应该表扬，而我却遭到了批评；应该批评的却得到了表扬，真不公平。你说这老师怪不怪？

一学期很快结束了，期末考试结束后，我惊讶地发现不但那些后进生的成绩赶上来了，优等生的成绩也得到了提高。啊！我明白了：徐老师偏爱后进生，是为了增强他们的信心，激发他们的学习兴趣；对优等生要求严格，是为了让他们能精益求精，更上一层楼。

如今，我已改变了对这位"怪"老师的看法，也从他身上得到了许多启示。这就是我的"怪"老师，你喜欢他吗？

我的爱好

谢晶莹

曾祖父常劝我，要多阅读，增加知识，提高自己的文化修养和人格水平，但我总当耳边风，有空便去玩耍、去寻乐。

去年，曾祖父离我而去。我悲伤至极，常常想起他的叮咛——"开卷有益"。为了怀念我敬爱的曾祖父，我一有空便拿起了书本。

如此，不知不觉当中，阅读便成了我课外的爱好。

我喜欢独自一人，坐在窗前，听着音乐，翻看着从图书馆借来的小说。在幻想世界中，我可以暂时忘记生活中的不愉快和压力。有时真的会觉得自己是书中的路人甲，忘记了自己只不过是在读书。渐渐地，我发现我的阅读速度明显地加快了，从以前一个月读一本书，到现在一天可以读完一整本书，或者两本。同时，我的阅读理解能力也变强了。特别是我的中文水平，更是进步神速，爸爸妈妈可高兴了。

也许是读了很多小说的缘故，我开始觉得写作文不再是件苦差事了。而且自从跟“书”交了朋友之后，我快乐多了，也聪明多了，走到哪里，也不会寂寞了。但是我的视力也因此渐渐下降了。现在我学会了节制，因为我发现对任何事情，无论好与坏，太过专注、太过沉迷都会造成不良的负面影响。

我敬爱的在天上的曾祖父，你放心吧！我会铭记你的教诲“开卷有益”，把你送给我的这一爱好——“读书”，贯穿我的一生，好好读书，好好做人。

背着房屋去旅行

郭怡澜

看到这个题目，你一定很奇怪吧？我在一本书上看到英国有一种可折叠的房屋，而且造型都是动物的形状，有老虎、狮子、斑马、羚羊、蛇……走到哪里，就可以背到哪里，它和咱们的家一样可以住，也可以在里面做饭、睡觉。

我想，如果我有一个这样的房子，我就背着房屋和爸爸妈妈一起去旅行。我们先拿上一条绳子出来，再把房子折叠好，四周绑紧，不过还要像书包那样留两个背带，我们三人可以轮流背，一人一天。我们出去旅行或游玩背上房子去，这样我们饿了渴了，就在家里吃饭、喝水就行了。

我首先要去英国，那里是不是终日云雾弥漫啊？我要去参观白金汉宫、唐宁街10号、大英博物馆、威斯敏斯特宫、伦敦塔、海德公园、格林尼治天文台、福尔摩斯博物馆……

我还要在房底装上四个车轮，厨房里再安上方向盘，这样逛累了还能开着走。我们也可以从头到尾开着走，不过伦敦市内肯定会堵车，我们到了商场把房子折叠好背起来就可以进去买衣服、文具等东西。

我开着我的房子汽车，再到加拿大，听说有一个叫哈利法克斯的小城，泰坦尼克号遇难者的墓地就建在这里，我非常想去看看，杰克的墓碑是什么样子的。卡梅隆当年就是看到这个墓碑，灵感迸发，于是诞生了这部世界著名的电影。晴朗的日子，我也想背着我的房屋去出海，也许可以在海上航行很长一段时间。

我们去原始森林，把房子撑开，我就可以到林子里和动物对话了，多么快乐呀！原始森林的树木长得高耸入云、枝繁叶茂，把天空遮得很严实，太阳只能从树叶的缝隙里撒下斑斑点点的阳光，这简直就是名副其实的“鸟的天堂”。各种鸟儿在树枝上欢快地跳来跳去，鸟的叫声非常婉转，叫人听了心情很愉快。地上长满了野草，里面还长着一些小野花，小白兔和小松鼠欢乐地奔跑着。听，远处传来了哗哗的流水的声音，走进一看，原来是一股小溪边唱着歌边奔跑着。哇！好多五颜六色的鱼呀，在水里活蹦乱跳地游来游去，真是美极了！

这是一次多么难忘的旅行啊！难道我会忘记吗？

树叶的梦想

萧凯允

深秋，南方的城市里，树叶依然挺立在枝上，青青翠翠。此时的北方，应该已是另一番景象了吧？

和妈妈走在回家的途中，望着路边的大树，我想起了北方外婆家纷飞的落叶。

“宝贝，你有梦想吗？”妈妈拉着我的手突然问。

梦想？我愣了一下，当然有，但有又怎么样？从我记事起，您就拉着我，一会儿学语训，一会儿学舞蹈，不然就是钢琴、英语，到头来，还说我什么也学不好，白花钱！我喜欢画画，可你只让我学了一个学期，就说我没天分，把课程终止了。您不知道我有多喜欢那些缤纷的色彩，如雪的画纸。我希望它们经我的手能变成一幅幅绚丽的图画。它们带给我的快乐是无法言喻的，可惜，我掌握不了自己的快乐。

“怎么，你都没有梦想吗？”妈妈继续问我。

“有啊，我要做一片北方的树叶。”我望了一眼树上随风摆动的树叶说。

“树叶？北方的？”

“是，北方的树叶，春天里吐出黄黄的嫩芽，到了夏天，变得又绿又壮，能经得起烈日的暴晒，雷雨的冲刷。到了秋天，风一吹，它们就挣开树妈妈的怀抱随风起舞，跟着秋风游遍天南海北。我想去内蒙古，描绘一望无际的大草原。我想攀登喜马拉雅山，勾勒珠峰的线条……”梦想的话题让我一时忘情，收不住话尾。偷望妈妈一眼，她似乎被滔滔不绝的我吓了一跳，半晌不接话。

“——嗯，那树叶旅游之后，到了冬天，去哪了？”

这个问题太简单了，让我不相信自己的耳朵。“它们在风雪中蜕变，等到来年春天，它们就会化成养分，输送给大树，让新叶子长得更好。”见妈妈没有驳斥我的异想天开，我放下心来，道出常识。

“是啊，只要下一代好了，我们就好了。妈妈承认有时对你严厉些，但内心深处是希望你快乐的。刚才看到你说起梦想时神采飞扬的脸，我才明白快乐对你才是最重要的，走，回家帮妈妈画幅肖像吧。”

妈妈笑了，好美！这个秋天，好美！我将重拾画笔画下这一切，画出我的快乐！

顶纸赛跑

王一茗

提到赛跑，我可是信心十足的，可今天陆老师却叫我们顶着纸赛跑，这可是“大姑娘上花轿——头一回”！大家都兴奋极了，教室里炸开了锅。

每个队都选好了一男一女作为代表，我们队的队员是季杨和我。

比赛开始了，首先进行的是“娘子军格斗战”，选手们一个个胸有成竹：第一队派出的是极有平衡感的董语飞；第二队派出重量级的“压轴大牌”石雨庆；第四队出战的是“平头大婶”尹佳杰；当然还有无比紧张的我。虽说我的跑步水平很棒，可顶纸赛跑可是个技术活，不但要速度快，平衡感更重要。我的平衡感从小就不好，担心啊！

胸中敲着大鼓，我接过陆老师手中那张薄薄的纸，仿佛这是关乎命运的“生死簿”一般！同学们在下面议论纷纷，都希望自己的队获胜。

“开始！”陆老师一声令下，我双手握拳，梗着脖子，哆哆嗦嗦地起步了，好容易用我不是很擅长的“凌波微步”走了一小段，耳边传来第四队那边的“唉”声一片，不用说，肯定是他们队出状况了。我这边稍一分神，头上的纸也想要凌空飞去，急得我赶紧把头往前一伸，还好有惊无险，纸被我接住了。

不知别的选手情况如何？我们队的吴可菲似乎看出我不能观察“敌情”的痛苦，大声说：“王一茗，加油啊，石雨庆和董语飞都比你快！”吴可菲的话音刚落，石雨庆头上的纸就“哗”的一下飘离啦！天助我也！可是董语飞在我前面已经走过了一半的路程。

比赛进入了白热化，我和董语飞互不相让，下面的同学也感觉到了紧张的气氛，都安静下来，就在这千钧一发的时刻，董语飞头上的纸轻盈得如仙女一般飘了下来，我则抓住机会，稳稳当当地跨过终点，哈哈，我赢啦！

比赛结束了，回想比赛过程真是有趣，它不但让我锻炼了平衡能力，也让我知道，有时候忍耐力更重要，不是说笑到最后的笑才是最好的吗？

有一种爱叫牵挂

段志恒

你知道吗，父母的爱就像一本内容丰富、意味深长的书，我们需要用心去感受，才能读懂它，理解它。

那天，有个同学热情地邀请我去他家参加他的生日party，爸爸妈妈爽快地答应了，不过一再叮咛我要注意安全，到了同学家一定要打个电话回来。我答应着，心里却嫌他们啰唆，同学家离我们家不过隔几条马路而已，我都走N遍了，还担心什么？

到了同学家，我和同学们开心地玩着、吃着，把爸妈的嘱咐忘得一干二净，更没想起来给他们打电话。快乐很容易让人忘记时间。当我们唱完《生日快乐》的时候，夜幕已经降临了，墙上的挂钟响了十下，我这才和同学们恋恋不舍地告别，准备回家。

当我走到我家附近的十字路口时，突然，在明亮的灯光下，看到了两个熟悉的身影，是爸爸妈妈！在灯光的照映下，他们显得有点儿憔悴。妈妈满脸愁容，目光焦急，四处张望着；爸爸则拿着手机，转来转去的，像是焦急地讲着什么……就在我要跟他们打招呼的时候，妈妈看见了我，她拍了爸爸一下，就向我跑过来，一下子把我搂进怀里，爸爸跟着跑了过来，轻轻地拉着我的手，抚摸着我的头说："总算回来了！为什么没给我们打电话，这么晚还不回来？你不知道爸妈多担心呀！我打了好几个电话给你的同学，他们都不知道你在哪里，我和你妈妈只好站在这里等，都等一个多小时了。”这时候，我才感觉到爸爸的手有点儿湿润，有点儿冰冷。责怪的话语有点儿低沉，甚至有点儿颤抖，却让我感到如此温馨！而妈妈呢，仍然紧紧抱着我，生怕我跑了似的，一句话都说不出来……

望着马路上的汽车像疯狂的野牛般快速行驶着，人行道上形形色色的人们来去匆匆。突然，我明白了爸爸妈妈对我的担心，对我的爱。

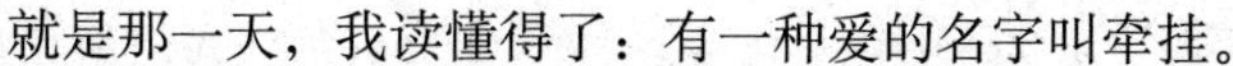

就是那一天，我读懂得了：有一种爱的名字叫牵挂。

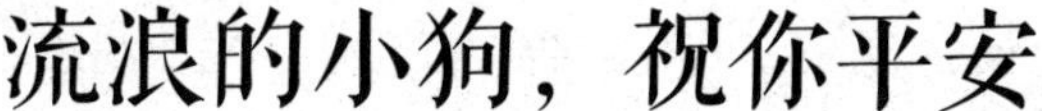

流浪的小狗，祝你平安

任超男

清晨的阳光缕缕落在身上，路边的迎春花开得正旺，似乎连空气都在微笑着，一切舒服而惬意。

我慢慢地走在去英语课外班的路上，心情好极了！忽然，从路边的胡同里传来一个女人的骂声：“连个家都看不好，给我滚出去！”

我向胡同深处望去，一个女人恶狠狠地把一只小狗踢了出来，小狗的呜咽声，听起来让我觉得特别难过。

小狗叫了几声，又跑到家门前叫了起来。叫了一会儿，它的女主人出来了，怒气冲冲地向小狗吼了一声：“滚！”那女人扭头看见了我愤怒的脸，便冲我嚷了一句：“看什么看！”说完，又“咣当”一声重重地关上了门。

我愣了一下，无可奈何地叹了口气。

小狗无助地望着自己的家，不停地叫着，声音都哑了。我忍不住走向前，蹲下来看着小狗说："你别叫了，没有用的。"不知道是小狗叫累了，还是听懂了我的话，它安静了下来。

小狗抬起头看了看我，眼神里流露出一丝恐惧，害怕地后退了几步。

我轻轻地抚摸着它，渐渐地，小狗不再害怕了，它温顺地趴在我身边。它身上脏兮兮的，白色的皮毛已经变成了灰色。我从超市里买了两根火腿肠剥开，放在它面前，它狼吞虎咽地吃了起来，我想，它大概已经好几天没吃过东西了吧！

这时，我的手机响了，原来是英语班的刘老师没有等到我，着急了。我挂了电话，看了看小狗，不知怎么办才好，我总不能带着小狗去刘老师家上课吧，怎么办呢？

我恋恋不舍地拍了拍小狗的头，把它留在了巷子里，准备下课后再来接它。英语课上，我总是担心小狗，始终没有办法认真听讲。刘老师见我注意力不集中，就问我怎么了。我给他讲了小狗的事，刘老师无奈地叹了叹气，告诉我，这样的事在大街上随处可见，现在流浪狗太多太多了。

好不容易熬到下课，我立刻飞奔到那个胡同去看小狗，可是，小狗已经不见了。我懊悔极了，当时我为什么不把小狗送回家再去上英语课呢！我在巷子附近找了很久，可始终没有找到它。

回家的路上，我的脑海里全是小狗的身影，面对这样的事，我无可奈何！天空似乎不再蔚蓝，阳光似乎不再明媚。迎春花的香味在弥漫，我却感到一阵心酸。夕阳把我的影子拉得老长老长，我只能在心里为小狗默默祈祷：小狗，希望你可以平安！

帅哥外传

付　春

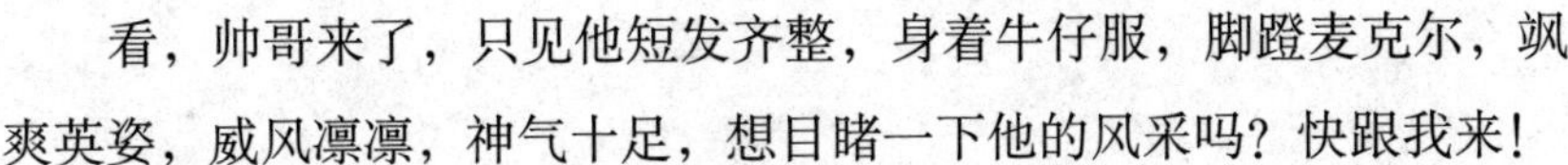

看，帅哥来了，只见他短发齐整，身着牛仔服，脚蹬麦克尔，飒爽英姿，威风凛凛，神气十足，想目睹一下他的风采吗？快跟我来！

课堂上，手勤口快的帅哥最活跃。一次数学课，王老师出了一道超高难度之题目欲考考同学们。没想到，不出几秒钟，帅哥便举起了胳膊——得意、兴奋之情全都表现在那高高举起的手臂之上了，令老师同学大吃一惊。若是英语课，帅哥有时竟可使用流利的英语与老师交流；倘若哪日老师恰巧不在，帅哥俨然就是“老大”的模样。

自习课上，帅哥更是无法无天。一次，下午的一节语文自习，同学都在聚精会神地写作业，而帅哥早已完工。无聊之际，突发奇想，溜上讲台，大叫一声：“俺乃齐天大圣，小的们，见了俺老孙还不快快施礼？”同时又扮了个鬼脸。台下的同学先是一愣，继而哄堂大笑。看他们有的龇牙，有的捧腹，更有甚者连人影都不见了，哦，原来早已笑晕溜到了桌子底下……台上帅哥更是愈加得意——要起猴棍，表演了一段三打白骨精……正得意忘形、热热闹闹之际，同学们忽然鸦雀无声。“大事不妙，祸事来了！”帅哥反应极快，马上立正，低下头去，慢慢转过身。果见“佛祖”怒气冲冲。此时帅哥神通尽去，束手就擒。

帅哥灰溜溜地尾随“佛祖”至办公室，检讨一番，立下保证书一份，因始终一副毕恭毕敬诚心悔过状，遂被放回。

未至教室，却又原形毕露，依然我行我素。

帅哥谓谁？六二付春是也！

蒲公英之旅

远处的几只鸟儿停留在摇摆的树枝上，伴随着风儿的旋律唱起美妙的歌儿。几只蝴蝶乘着风儿蜻蜓点水般在草尖上跳舞，划出一条又一条美丽的弧线。

我家的“阿呼”

李飞艳

“阿呼”不是什么人，是我家的一条狗。

“阿呼”是我给它取的名字，很难懂吧？其实，我就是希望我一呼唤它，它就能听见，赶快跑过来。

“阿呼”刚买来的时候，一身金黄的毛，身子蜷缩在一起，一双大眼睛胆怯地打量着我家，那眼神好像很无辜、很害羞似的，样子很惹人喜爱。我第一眼看到它的时候，立刻就喜欢上了它。

之后，“阿呼”就成了我家的一员。我常常带它去跑步，我在前，它在后，或者它在前，我在后。渐渐地，我们变得很亲密了。在学校里，同学是我的好朋友，而在家里，“阿呼”就是我的好朋友。我会经常给它一些吃的，而“阿呼”一见到我放学回来，就跑到我面前，用嘴咬着我的裤子，好像在说：“我们去玩吧，我等你好久了。”于是我就放下书包，带着它来到田野里，和它一起玩。“阿呼”到了田野里，可贪玩了。它总是忽而向东跑忽而向西跑，到处撒野，兴奋得很。有时候，它见到一条虫子也会惊奇得要命，“汪汪汪”地叫个不停。它不停地跑，一会儿跑到山上去追飞虫，一会儿跑到田沟里去喝水。总之，它特别开心，这个时候，我也特别开心。

“阿呼”虽然很好玩，但是也有凶的一面，有时候，见到陌生的人到来，它会发出“汪汪”的叫声。这个时候，我就会立即阻止它。“阿呼”倒也很听话，见我阻止，它也就乖乖回到自己的窝里去了。

渐渐地，“阿呼”长大了。既然已经长大了，就要履行自己的职责，看家护院。有一天，家里来了客人，“阿呼”不认识他们，便“汪汪”地叫着发出警示。我连忙跑出去一看，原来是爸爸的朋友。我把“阿呼”唤到面前，摸摸它的头，示意它：没事，去玩吧。“阿呼”就摇着尾巴跑出去了。

“阿呼”渐渐长大，我也渐渐长大了，我越来越喜欢“阿呼”了，喜欢它的淘气，它的可爱，它的尽职尽责。

卖烧饼的老板

沈彦婷

微凉的清晨，我一边往学校赶一边咬着烧饼。黄澄澄的烧饼散发出暖暖的焦甜味，一口下去，融化了的糖稀流了出来，顿时唇齿溢蜜。

那家烧饼店是一对中年夫妻经营的，在学校西边一百米处，生意很火。记得我上小学时，那家店就已经很火了，也不知道经营了多少年了。

“老板，来一个甜味烧饼！”

我是这里的常客，熟门熟路地掏出两枚硬币，放进了桌上的铁盒里。

“马上就好喽！”老板愉快地回应道。他并不抬头，忙着用铁钳拨弄着炉子里的烧饼。在他眼里，仿佛只有那一炉烧饼似的。

那原本贴在炉壁上瘦瘦薄薄的饼，经烤制后膨胀起来。老板迅速抄起一把铁铲伸进炉内，另一只手拿铁钳一钩，热乎乎的烧饼就新鲜出炉了。

“小同学，这一炉是咸味儿的，你再等会儿啊。”老板用袖口擦着汗，回头又对周围的顾客说：“你们先让让这位小同学吧，她要赶着上学去。”

“不用，我今天有时间。”我连忙摆手。

老板瘦削、黝黑的脸上浮现出一抹柔和的微笑：“祖国的花朵可耽误不得哦。”

隔着炉子里升腾起的热气看，老板脸上那被时间打磨出的棱角和皱纹仿佛也不那么明显了。

老板娘从屋里搬出一个筛子，里面放满刚做好的烧饼坯子。老板重新洗过手，从筛子里取出一个饼坯，沾了些淀粉水，径直把手伸进炉子里开始贴烧饼了。淀粉水滴下来，落在被烧得通红的炭上，冒出一股蒸汽，发出“嗞嗞”的声响。“呼——”老板迅速缩回手，手上明显可见一块烫红的印子。就这样，每次贴烧饼时老板嘴里都不由自主发出轻呼声。

我有些不忍地说道：“很疼吧？戴上手套呀。”

“那不行，不干净，饼也贴不牢。”

老板依旧不抬头，专心干着手里的活儿，语气略显严肃。

我怔了怔，又说道：“起那么早，做饼又那么难，烧饼再多卖个一块钱我们也可以接受的。”

这下他停住了，认真地向我解释：“那可不行，卖了这么多年，从来都是这个价。小同学，你不懂，有些东西是一定要坚持的，就像这做人，得诚实！我起早了这么多年，以后也还是这样。”

我拿着热乎乎的烧饼，若有所悟。其实，做人如这位卖烧饼的老板，我很佩服。在他的心里，有对我们这些青少年的爱护，就像烧饼里滑软的糖稀，品一口，透着香甜；也有对自己做事原则的坚守，好比那烧饼硬硬的外壳，仔细咀嚼，能品出香味儿，而且越嚼越香。

垃圾“被盗”

赵梦泽

“又被盗了。”我边摊着手边说。而妈妈则在一旁微笑着。你一定会想，东西被盗了还这么高兴？是的，你一定疑惑不解，那就让我这个“侦探”把事情的原委一一道来吧！

一、不翼而飞

话说那是一个月黑风高的夜晚，在妈妈的“威逼利诱”下，原本在看课外书的我，只好理清垃圾，打算走下楼，让它们“安家落户”。可胆小的我一看外面黑漆漆一片，只好让垃圾暂时在门口“留宿一晚”了。可意想不到的事发生了，早上起床，开门一看，哟！垃圾不翼而飞了。我心里暗暗自喜，真是“老天有眼”。可接连几天，这样的事一而再再而三地发生，我不禁产生了疑问：难道垃圾有脚，自己跑去垃圾筒了？还是……我把这件事告诉了妈妈。在妈妈的鼓励下，我开始了自己的“调查”生涯。

二、出谋划策

这个“强盗”到底是谁呢？我带着种种疑问，通过各种“渠道”来了解。先去保安室，我瞪大眼睛把监控录像从头至尾看了一遍，却一无所获。妈妈则在小区里巡逻，同样白费功夫。唉，这个盗垃圾的高手可真是神出鬼没啊！看来，不下点儿苦功夫不行了，我们只能另施高招了。我和妈妈根据种种迹象进行了一番推测：这位“盗垃圾”的高手作案时间是早上六点左右，作案工具应该是“手”，而且对这里的环境了如指掌。嗯，目标锁定，一定是我们这幢楼的住户。妈妈和我还拟定了一份“抓捕计划”。一条妙计涌上心头，嘿嘿，明天一定让你“现出原形”。

三、真相大白

第二天早上六点不到，我就悄悄把垃圾放在家门口，在门后蹲着，而妈妈则躲在楼梯的转弯处，只要家门口一有动静，我和妈妈就来个“两面夹击”，把这位盗垃圾的高手“逮捕归案”。一切准备就绪，过了五分钟，楼梯上响起了一阵脚步声，我的心怦怦直跳，蹑手蹑脚地站起来，从猫眼里一瞧，只见有个人正在左顾右盼，见四周没人，飞也似的拎起垃圾，准备跑下楼去。说时迟，那时快，我和妈妈迅速来了个“前后包抄”，她就这样乖乖地“束手就擒”了。我定睛一看，天哪！“强盗”竟是她——楼上的陈奶奶。这真让我们目瞪口呆。

四、成为“强盗”

陈奶奶被我俩请进屋，我润了润嗓子说：“陈奶奶，你可以不老实交代，不过你说的一切都将作为呈堂证供。坦白从宽，抗拒从严，请您老人家如实招来吧。”陈奶奶点点我的鼻子说：“好好，你这个鬼机灵。”接着她把事情的经过一五一十地说了出来：陈奶奶的老伴儿前年去世了，儿子和女儿都不在身边，她一个人住在楼上，去年生了一场大病，多亏妈妈和邻居的照顾才慢慢好起来，她无以为报，就想着给大家倒个垃圾，做双鞋，邻里之间的关怀和友情应该是互相的。听着奶奶的一番话，我和妈妈也决定加入“盗垃圾”的行列。

从此“侦探”变成了“强盗”，每天早上六点左右，你都会看到一老一少，外加一位中年妇女，在贼头贼脑地“盗”垃圾呢。而且我们的队伍还在不断壮大着……

语言的温度

周芊芊

校园是一个大大的舞台，这里有我们火热的激情，有我们拼搏的汗水，有我们绽放的青春，有我们珍贵的友情，还有老师们或可爱或严肃的面孔，或挺拔或洒脱的身影，或幽默或严谨的教学风格。菁菁校园里，我们领悟老师的谆谆教诲，感受勇于展示自我之后的欣喜，体味紧张学习之后马上要放假的轻松，品尝告别“单身”、拥有友情的喜悦……

教室里，灯光下。期中考试的数学卷发下来了，几家欢喜几家愁。窗外，一切原本清晰可见的轮廓在阴沉的天空下变得模糊不清了，雨唰唰地下着。

“周芊芊，你跟我来。”

是数学老师，这声音显得特别可怕。我站起身，每向前挪一步都好像在黑暗的海底行走，巨大的压力一并压下来，使我喘不过气来。

“周芊芊，你这次考了多少分？你是怎么做题的？拿做题当画画吗？……”他的眼睛始终盯着眼前的一个点，讲话的声音越来越大，好像有很大一团烈火在他心中即将爆炸！

他拿出那张试卷，边说边用手指用力地点着那些题目，“这一题，1加4怎么可能等于6！这题不知说了多少遍，你哪有用心，根本没用心……”他说得火起，我感觉一簇一簇熊熊燃烧的火苗从他眼里、嘴里喷出来，落到我的脸上、头发上、肩膀上，乃至全身。

窗外的雨越下越大，雨敲打地面的声音听起来很刺耳。我觉得好冷，寒气不知道是从哪里钻出来的，慢慢侵蚀了我整个身体。

原来，语言是有温度的，这一刻，它是冷的。

时间好像也停下来嘲笑我，我屏息着，不敢发出一点儿声音。若不是他突然再次发声，我以为时间冻结了。

“周芊芊，老师对你最信任，期望最大。你总是觉得自己不够聪明，学不来数学。但你想想，上次月考你是咱们班数学第一。老师很早以前教给你的话是‘勤能补拙，静能生慧’，这是古人经过几千年的沉淀总结出来的话，我拿来与你共勉，可你早就忘到九霄云外了。今天老师再教你一句话：‘星星哪里都有，就看你有没有看它们。’……”

此时的他，像一位学识渊博的哲学家，慈祥的双眼闪着对孩子的关爱。他的话像一根细长而锋利的银针，精准地插进我的穴位里，不痛，却又酸又沉，还痒得钻心，这时，我感觉一股暖气缓缓上升。

原来语言是有温度的，这一刻，它是暖的。

我眼中的好老师

杜灵心

多年来，我遇见了许许多多的新老师，他们性格迥异，各有特色。我们的班主任李老师，性格直率，直来直去，爱憎分明。语文老师则善解人意，和蔼可亲，妙语连珠。而我最喜爱的，是我们的数学老师——张老师。

张老师身高大约一米七五，身材魁梧，“国”字脸，方方正正，黝黑的脸像包公，一身正气。生起气来，脸涨得通红就像没有胡子的关公一样。

令我最难忘的则是张老师上的课，他从不拘泥于课本的内容，难题、课外题、思维拓展训练等穿插其中。课上的内容翔实丰富，生动有趣，我们听得有滋有味。记得有一次张老师讲行程问题，因为比较抽象，有的同学还不明白，老师就用线段图示意的方法一点一点地、耐心地讲解，讲得具体、形象、生动，可谓面面俱到，可依然有些同学不理解，于是张老师使出了“撒手锏”，从公文包里掏出了两个小火车头，哇！老师想得真周全，看来是做了充分的准备。经过老师的演示和耐心的讲解，大家终于彻底弄懂了。张老师也欣慰地笑了。

张老师不仅关心我们的学习，对我们的思想教育也不放松。他虽然不是我们的班主任，但也可以算我们的第二个班主任。为什么这么说呢？在月考之后，我们班原来是一袋聚拢的沙子，突然一松懈，成了一盘散沙，上课时松松垮垮的，下课时吵吵闹闹。张老师专门抽出时间对我们进行思想教育，语重心长地对我们说："要努力！学习是持续奋斗的过程，是绝不能松懈的。"看着老师因生气而涨得通红的"关公脸"，心里有说不出的羞愧。此外张老师他十分敬业，即使他妻子生病住院做手术，为了我们大家也没请过一天的假。这是一个多么好的老师啊！

这就是我眼中的好老师——张老师，一个敬业的、可亲、可爱、可敬的老师。

当你的发丝抚摸我的目光

吴　琼

总是认为你是一个纯真漂亮的仙子，一袭白色的连衣裙，披着白色的长发，不经意间降临在我的世界。发丝飘舞，在我躲在角落里偷偷窥探时，它们便一缕缕地抚摸过我的目光。

也许是幼时的童真在心中激荡，也许是命运一时的空想，自小，我就对你情有独钟。翻开相册中一片片斑斓的回忆……那时我还戴着虎头帽，身体被妈妈包裹得严严实实，而我却不安分，硬要挣脱束缚和你玩耍。那时你是我的大姐姐，你用温柔的臂膀拥抱着我。你那银白的发丝将我这小眼睛的视野完全占据。纷纷扬扬地落在毫无纤尘的圣土上，也落在我毫无纤尘的心上。我就在你的臂弯里跳着，闹着，你却总是对我笑，显得那样温婉，给我的心中洒满阳光。那时的我是多么希望有你这么一位大姐姐存在于我真实的世界中，时刻用你的发丝抚摸我的目光。

记得那是一个严冬的深夜。天气寒冷得一如我的心。我动摇了，我在想我的付出真的有回报。周围一片黑暗，只有桌前的台灯伴着月色发出冷光一道地道直射我的心房。没想到的是，你来了。伴着一轮孤寂的月亮从空中袅袅落下，妩媚地轻摇着婀娜的身姿，长长的头发披在肩上，轻盈着陆。我把头从小窗探出，小心翼翼地看你，不想让你发现我，发现你这个弟弟落魄的模样。你好像早已察觉，轻轻向我走来，还是带着那温婉的笑。你在我耳边轻语："坚持一下，一切都会过去的。"我抬头，懵懂的目光中露出一丝坚定。这时，你的发丝垂下，抚过我年少的目光。

这天你又来了。尝了一年的思念后，你又降临在我的世界。这次，我可以自信地充满期待地站在大地上，看着你缓缓地向我走来，发丝在身后飘舞，抚过我成熟、坚定的目光。现在我们应该年龄相仿了吧，但我还是想把你当作我的大姐姐。在我失意时，在我迷茫时，在我快乐时，在我成功时，请你，来找我，用你的发丝抚过我的目光。

你是我永恒的依恋。

李大婶骂鸡

赵 杰

在我们村，提起我邻居李大婶，那是无人不知，无人不晓。因为她在我们村是一个享有盛誉的泼妇。

其中最有趣的就属那次骂鸡了。

自从各家的鸡养得越来越多之后，各家的鸡就无缘无故地丢失。挺奇怪的！这不，有一天她家的鸡又不见了一只。

吃过午饭，天气闷热，人们都在树荫下乘凉、聊天。只见她腰系围裙，上身穿着花布短袖衣，脚上趿拉着一双凉鞋，双手插在腰间，站在鸡群不远的地方就开腔了："哪个盗贼，偷了我的鸡，你吃了它，全身长鸡毛，叫你不人不鬼！下雨天，打雷劈死你；走路，一头栽死你；骑车，汽车撞死你；吃饭，一下噎死你！"

"干吗骂得这么凶呢？不就是一只鸡吗？算了吧！"有人劝道。

"算了？那就便宜他了，我的鸡是白给他养的？以后，让我知道是谁偷了我的鸡，我就叫他断子绝孙！"

"说不定上了别家的笼子呢？不一定是别人偷了，还是找找吧！"旁人接着劝道。

"我那只红公鸡养得又肥又壮，哪个嘴馋的家伙说不定早就看上了，况且我的鸡识得路，认得家，它会走失？不可能！"

"偷鸡的，你听好，你偷了我的鸡，"她不嫌累，继续骂道，"今晚掉进坑里淹死你，明天火化你……"

第二天中午时，李大婶继续骂鸡。

突然，她那只红公鸡从棉田中大摇大摆地走了出来，嘴里还"咯咯……咯……"地唱着歌儿。她骂得正凶时，突然打住了，大家都以为出了事，当看到她脚边那只大红公鸡时，众人"哄"的一声笑开了。只见她抹抹头上的汗，自我解嘲地骂道："还是要老子骂，不骂鸡不得出来……"随后，一边骂着，一边捋着头发，满脸窘色地溜进了屋。

"哈哈哈……"在场的又是一阵狂笑，不少人笑痛肚子蹲在了地上。

于是，李大婶骂鸡的事便成了笑谈。

冬青·成长

雷　卓

从植物园回来，我突然也想种点儿什么。于是，趁着爸爸妈妈午睡，我偷偷溜进阳台，左看看，右看看，选择了长着又肥又绿的大叶子的冬青，轻轻地掰了一枝就小跑着回到了厨房。

我找来一个装爆玉米花的小桶，倒掉剩余的东西。想起花盆底部都有孔，我也想要掏一个洞，可就是捅不进去。我有点儿生气了，拿着剪刀用力一戳，终于进去了。我高兴得差点儿笑出声来。土呢？有了！我又偷偷到了阳台，从大盆里“偷”了些土，放进我的小盆里，再把冬青枝埋了进去，又浇了点儿水，大功告成！幸亏爸爸妈妈没发现，我的心还咚咚直跳呢！

下午放学后，我迫不及待地去拿出花盆，小冬青一点儿也没长大。晚上，我躺在被窝里也想着它。我对小苗说：“你快点儿长高呀，不然就白费了我的一片苦心！”突然，我听到了妈妈的脚步声，吓得我赶紧把冬青藏好，马上“睡觉”了。其实，我是在装睡。

第二天一早，我一起床，顾不上吃饭，就先去看冬青，可是，它还是没长大。我心里失望极了。

中午放学回来，咦，它怎么放在了我的窗台上？肯定是妈妈发现了。这时，妈妈走进来，说：“植物需要阳光，这样它才能长大呀。”从此，我看小冬青就不用偷偷的了。

可是，第三天、第四天它还是没有变化。我实在失去了耐心，干脆扔下它不管。一天、两天、三天、四天、五天……它就这样渐渐淡出了我的视野。

半年过去了。一天，妈妈叫我给植物浇水。在给仙人掌浇水时，我不经意地望了一眼冬青。咦？它什么时候长这么大了？长出了新的叶子，小枝也成了主干了。原来，在这半年里，它悄悄地长了许多。

这时，妈妈叫我回去写作业。虽然每天只有一点儿作业，可我也做烦了。懊恼着，我又看了一眼冬青。突然，我恍然大悟，冬青就是在每天不知不觉中长大一点点，天长日久，就长高了。我也要向冬青学习，虽然每天只是进步一点点，但时间久了，收获就不可小视！

想到这里，我飞快地跑回去写作业了。

爱的捷径

吴诗颖

窗外的雨已经下了整整一天，我呆呆地坐在窗前，任凭淅淅沥沥的雨声把我带回妈妈的身边，去寻找爱的捷径。

忘不了那清凉的一盆水。从小到大，我养成了一个习惯，总喜欢在一大早跑进厨房，缠着妈妈在我圆圆的脸盆中盛入清凉的水。取下毛巾，浸入水中，拧干，在脸上细细地擦一遍，以干净的面容去面对新的一天。妈妈总说我长大了，该自己接水了。可每当我早上起来，妈妈已经接好了一盆清凉的水，递给我，说："快洗吧，洗好了吃饭。"

哦，原来，爱是这么简单，就如一盆清凉的水。

忘不了那温柔的目光。妈妈的目光是那样善解人意。每当我取得了好成绩，妈妈的目光里就充满了赞许，同时，又好像在告诫我："要谦虚，不要因为眼前的一点儿小成绩而迷失了方向。"而当我在考试中失利或在生活中遭受挫折时，妈妈的目光里便充满了安慰，像在激励我："失败是成功之母。不经历风雨，怎能见彩虹？"就这样，在妈妈的目光里，我明白了许多道理，学会了要做一个谦虚乐观的人。

哦，原来，爱是这么简单，有时竟是一束目光。

忘不了那雨天温暖的肩膀。从小到大，每次下雨时妈妈都会撑着我最喜欢的那把天蓝色的雨伞来接我。走在回家的路上，妈妈总要用她温暖的胳膊搂住我，伞也不听话地向我这边斜来。凉凉的雨水打在了妈妈露在伞外的胳膊上，妈妈却毫不在意。

哦，原来，爱是这么简单，仅仅是一双温暖的臂膀。

"砰——"开门的声响把我的思绪拉了回来，爱，原来就是这么简单！望着窗外的雨，我笑了。

复仇计划

李富华

我有两个表姐，但她俩的脾气、性格完全不同。大表姐事事都让着我，二表姐却截然相反，处处挖苦我，我觉得她是世界上最丑、最坏的表姐了。

你看，她长得胖胖的，矮矮的，全身没有一处长的东西，只有一条舌头最“长”。我最讨厌的就是这条舌头了，整天不停地说我坏话。记得有一次，我们一起出去郊游三天，她从起程到回来的路上，不停地给我起外号，总计不少于五百个。我恨透了这个二表姐，总想着找机会报复她，哼！让她知道小孩儿不好惹！不好惹！

有一天，家里有客人来，还带来一大包礼物，我偷偷地看了看，哇！巧克力饼干、牛奶巧克力、曲奇巧克力、奶油巧克力……都是我最爱吃的！可妈妈一脸严肃地对我说：“你不能吃，你已经是一个小胖子了，再吃的话，一定会变成一个大胖子的！”我只好咽了咽口水。

我不能吃，那谁可以吃呢？我灵机一动，想到了二表姐，巧克力可是她的最爱！嘻嘻，那我就做回好人，通通送给她吃吧！想到这儿，我心里暗暗得意起来。于是，我“一脸诚恳”地对妈妈说：“那送二表姐吃，行不行？”“你现在想到二表姐了？你俩不是天敌吗？”“现在不是了。”“那好吧，明天给她送去吧！”

第二天一早，我带上所有的巧克力，兴高采烈地来到二表姐家。一见到她，我就赶紧拿出“礼物”送给她。她一边吃着巧克力，一边说：“看来我以前给你取外号是不对的，你对我这么好，我都不好意思了。”“没关系，没关系，谁叫咱俩是姐弟呢？你开心就行了。”我大度地一摆手，“以后再有巧克力，我一定送给你！”

在回家的路上，我忍不住哈哈大笑起来。妈妈问我：“什么事这么开心呀？”“我把巧克力送给表姐了。”“送就送呗，干吗这么开心？”“肥——死——她！”我一字一顿地说。妈妈听懂了我的意思，笑着说：“小坏蛋，净动坏脑筋！”

我以为这是世界上最完美的复仇计划，但最后表姐也没有变成一个大胖子。不过，表姐再也不给我取外号了，我也没有再动过报复她的念头。

硬币圆舞曲

鲍浦栋

硬币也能跳起圆舞曲，你信吗？今天我们就玩了个“硬币圆舞曲”小游戏。

老师刚说完规定，全班同学就齐刷刷地站了起来。“预备——”同学们都摆好了姿势，“开始！”陆老师一声令下，我用力一转，可是硬币并没有如我所想的那样转动，一开始就像脚抽筋一样晃来晃去，三秒钟便倒了下去。我满脸沮丧地坐下。倒计时还在继续，不断传来硬币倒下的声音。

正当大多数人唉声叹气之时，陆老师却笑了笑说：“刚才那是给你们预热，真正的硬币圆舞曲大赛现在开始。”我一听，再次挺起腰板，站在座位前。“预备——”我不知为何有点儿紧张。“开始！”“嗞”的一声，一个完美的发射，硬币转成了一个小银球。哈哈，圆舞曲跳起来了！只见这枚硬币就像一个踮着脚尖跳着轻柔舞蹈的小精灵，她拉着自己的银纱，跳着轻快的舞蹈，那银纱上还有一朵若隐若现的菊花呢！我不禁扬扬得意，周围已经传来了硬币“中弹”的声音。

可好景不长，我的硬币开始体力不支，像醉了一样，立又立不起来，倒又倒不下去，沉重的步伐代替了优美的舞姿，开始东摇西晃。她晃到桌前，好像在炫耀自己的本事。可是她越炫耀，我的心就越提到嗓子眼，眼见硬币已处在桌子的边缘。“啊，快回来，你只要再走一步，那就是万丈深渊，到时谁都救不了你呀！”老天保佑，硬币似乎听到了我的心声，开始往回走，我松了一口气，真是悬崖勒马，为时不晚。

周围“战士”牺牲的声音犹如交响曲，我的硬币也好不到哪儿去，沉重的舞步变得缓慢，可我却帮不了她。“3——2——”“砰”的一声，我的硬币躺倒在桌子上，紧随其后的便是老师的“1”字。我一屁股坐在了椅子上，想要夺冠的那颗雄心也跌落了下来。

看看那些硬币还在转动的同学，别提有多得意了，就像一个个打了胜仗的将军。我暗下决心，和我的硬币击掌盟誓：下次一定夺冠!

蒲公英之旅

陈杰敏

随着微风的抚摸，鸟儿的一声“早安”，我懒洋洋地睁开了睡梦中的眼睛，抖了抖雪白的连衣裙，观望着世界。我，就是毛茸茸的蒲公英。

我在草地上生长着，周围是一片雪白的蒲公英之海，它们都是我的朋友。阳光从云层蹦出的那一刹那，我享受着晨曦的第一缕阳光，阳光的沐浴中夹带着一丝软绵绵的微风，一种惬意的感觉散布在我身

上。随着小鸟的再一次啼啭，草地上的蒲公英一齐欢快地随着风儿舞蹈起来。

我原以为自己会平凡地安安静静地生活在这片草地上，可是，没想到，风哥哥的一阵猛跑，把我摔了个踉跄，然后，我犹如一只翩翩起舞的蝴蝶，在空中不停地旋转。我被风哥哥带入了一个新的世界。小小的山坡上，一片茂密的小树林，每一棵树都挺拔着身躯，树上的一片片叶子已穿上绿绿的燕尾服，准备参加盛夏典礼，那“沙沙”的声音，传递着它们的喜悦。

我看了看身旁，草地成了一个绿色的海洋。一阵阵风拂过，生机勃勃的绿草随风舞蹈。这时，远处的几只鸟儿停留在摇摆的树枝上，伴随着风儿的旋律唱起美妙的歌儿。几只蝴蝶乘着风儿蜻蜓点水般在草尖上跳舞，划出一条又一条美丽的弧线。风中舞动的植物，造就了一个最绚丽的舞台。

近处的一片花海，令人眼花缭乱，雪白，淡紫，浅粉，玫红……芬芳的气息在空中弥漫、散开。一簇簇花朵婀娜多姿地左右摆晃，五颜六色的色彩在缓缓流动。阳光下，一朵朵花儿争鲜斗艳好像要与蝴蝶比美。

“叽叽叽——”一群小鸟停在枝头，谈论着夏天的盛装舞会，期盼着秋意的到来。

如果黑夜没有了

倪艺畅

这日子真是无聊，为什么过了一个美好的白天，黑夜就要登场呢？我好讨厌这无穷无尽的黑夜！请你消失吧，黑夜！

哈哈，令人狂喜的日子居然真的迎面而来——从这一天起，黑夜果真消失了。

“走咯，我和同学去玩了。”我跟老妈道了一声“拜拜”，就来了个潇洒的转身，一个箭步冲向外面。

我早已约了同学，一起在碧绿的草地上嬉笑奔跑。我们抬头望着碧蓝如洗的天空，又侧耳倾听枝头鸟儿的歌声，再俯下身子抚摸路边各色的小花。顿时，我们感到心旷神怡：“同学们，尽情地在阳光下玩耍吧！再也没有黑夜来结束我们快乐的时光啦！”

对了，今天刚好是阳历12月25日，是外国人的节日——圣诞节。虽然我不是外国人，但我也在心里偷偷地盼望着圣诞老人的光临。当晚，我不用老妈催促，赶紧上了床，并把一只一直舍不得穿的红色羊绒袜小心翼翼地挂在床头。

准备就绪，躺在床上的我，心“咚咚”地跳着：“圣诞老人一定会驾着那辆闪亮的雪橇给我送来礼物的！会是一个迷你‘大白’？还是一颗甜甜的糖果？……”

可是，一个小时、两个小时、三个小时过去了，圣诞老人怎么还没来？我实在憋不住了，跳下床，打开了窗户——天哪！深夜十二点天怎么还亮着？“哦！”我一拍脑袋，恍然大悟，“从今天起黑夜不是没有了吗？没有了黑夜圣诞老人，那装满礼物的袋子自然也就不会出现了呀！”

“唉！”第二天同学们来上课时，个个都像打蔫了的小花，无精打采地唉声叹气，课堂上居然都打起了瞌睡，不一会儿教室里响起一阵阵呼噜声，居然还此起彼伏。

看着这一切，我强忍着睡意。看来，没有黑夜还是不行呀！如果没有足够的睡眠，同学们怎能振作精神学习？圣诞老人又怎么会给我们送礼物？我可是还想把礼物送给远方的小朋友呢！转眼就是万圣节，我又怎么约上同学去走街串巷要那期盼已久的五彩糖果呢？

黑夜呀黑夜，还是请你快快回来吧！我们绝不能没有你呀！

我治好了妈妈的唠叨症

薛婷方

妈妈上得厅堂，下得厨房，能文能武，身怀绝技。但是妈妈有一个令我头疼的毛病——唠叨症。

每天从早晨睁开眼，到晚上闭上眼，都伴随着妈妈喋喋不休的唠叨声，让我心烦不已。我哀叹自己真像戴上金箍儿的孙悟空啊！为了落一个耳边清净，我下定决心，无论如何要治好妈妈的唠叨症。

我想出了三套治疗方案。第一套搜集证据。只要妈妈一唠叨，我就拿起提前准备好的本子和笔，“唰唰唰唰”，把妈妈唠叨的内容一五一十地记下来。连续记了好多天，我觉得分量足够了，于是，把“唠叨罪证”拿给了妈妈。妈妈看到密密麻麻的记录，很吃惊地说：“我有这么唠叨吗？”我坚定地说：“有！”妈妈挠挠头，不好意思地笑了笑。

可是，认识到自己有唠叨症是一回事，改又是另外一回事。第二天早上我刚睁开眼，妈妈的唠叨声就排山倒海地冲进我的耳朵：“妮妮，赶快起床！天冷了，多穿条裤子！认真洗脸！把牙刷干净，当心蛀牙！饭凉了，赶紧吃饭……”我头痛欲裂，不耐烦地说：“妈妈你别说了，我都干完了！”妈妈的唠叨声还在继续：“书包收拾好了吗？带好水！在学校要认真听讲……”在妈妈反反复复、无休无止的唠叨声中，我像箭一样冲出了家门。

没办法，我使出了第二套方案——以其人之道还治其人之身。有天傍晚，妈妈下班，我像小尾巴一样跟进了厨房。我装模作样地提醒她：“妈妈你洗手了吧？姥姥告诉我，菜的大小要切均匀哦。哎呀！油都冒烟了，菜赶快下锅啊……”就这样，我像个小监工一样不停地念叨着。忙得热火朝天的妈妈终于不耐烦了，转过身来大声地说：“别在这添乱了，快回去写你的作业！”嘿，效果达到了！在妈妈的火山还没有喷发之前，我一溜烟地跑了。想到小诡计得逞了，我一边写作业，一边暗暗自喜。

为了巩固疗效，晚上我继续使出第三套方案，和妈妈沟通谈心。我走到她身边，妈妈有点儿意外，问：“有事吗？”我郑重其事地说：“妈妈，我长大了，能做好自己的事情，请你不要每天唠叨我、提醒我同样的事儿了，行吗？你做饭时，不是也不喜欢别人在一旁唠叨吗？已所不欲勿施于人嘛！”妈妈愣愣地看着我，沉默了很久，一把搂住我，欣慰地说：“我懂了，我们家妮妮真的长大了！”

从此以后，妈妈的唠叨症很少发作了，我也努力地做好自己的事情，改变着自己的拖延症。

同学们，你家有这样因为爱而唠叨不止的妈妈吗？用我的治疗方案试一试吧！

何“最”之有

李博翱

我班班头与众不同，虽然年过五十，可岁月不曾在他脸上留下蛛丝马迹。是否有灵丹妙药？他何“最”之有？

最　逗

他个子不高，在人中如鸡立鹤群，正因为这一点，让人啼笑皆非。

“值日生日理万机啊！本职工作擦黑板都忘到脑后了。”来上课的王老师看着满黑板龙飞凤舞的字迹，感叹道，“看来本师我只有亲力亲为了。”他拿起黑板擦刚要动手，突然像哥伦布发现新大陆一样欣喜若狂：“山重水复疑无路，柳暗花明又一村。”原来老师发现黑板左上角有一块“净地”，但因为净地海拔太高，他只好踮着脚尖，伸直胳膊，用指尖拿着粉笔奋笔疾书，还用力拿左手扶着黑板作支撑。他穿着黑色的西装，白色的粉笔末落在上面，就像漆黑的夜空中闪闪发亮的星星。老师艰难地写好了要求，累得气喘吁吁，一转身一句高端大气上档次的金句令人喷饭：“身高真是硬伤啊！累死宝宝了。”不鸣则已，一鸣惊人，顿时，全班哄堂大笑，王老师还忘我地甩甩头，若无其事。

最　酷

还有一次，一位同学在作文中说王老师个子矮，他一脸不服气，狡辩道：“浓缩的都是精华，像我，灌篮高手一个。”同学们有的摇头，有的摆手，教室里嘘声一片。为了证明所言不假实，他从讲台上来到教室走道，大言不惭道：“看我给你来个助跑式三大步上篮。”我们欢声雀跃。只见他先提提裤子，蓄势待发，突然，以迅雷不及掩耳之势一下子跑起来，嘴中还念念有词“一二三”，脚步跟着声音三步上篮。微胖的身子像个闪电球，但不影响他速度的爆发，像只肥硕青蛙猛然高高跃起，在空中把球投出后，完美落地。我们呆若木鸡，旋即教室里掌声四起。

“王老师，从现在起我是您的粉丝。”几个女生一边用手捂着嘴，一边大叫。

最臭美

下课了，我突然发现天花板上有一光点在动。我顺着光源找到罪魁祸首，竟然是王老师。他鬼鬼祟祟地低着头，我想一探究竟，蹑手蹑脚走近讲台桌一看，他在用小镜子照他那油光闪烁的脸，还不紧不慢地从兜里掏出一把小梳子，开始梳他那群魔乱舞的头发……

臭美是女人的专利，但我们班头侵权了，还无懈可击。我也是醉了。

最……

王老师“最”大美极，这才是他的灵丹妙药。

我是“吸血侠”

周虞涵

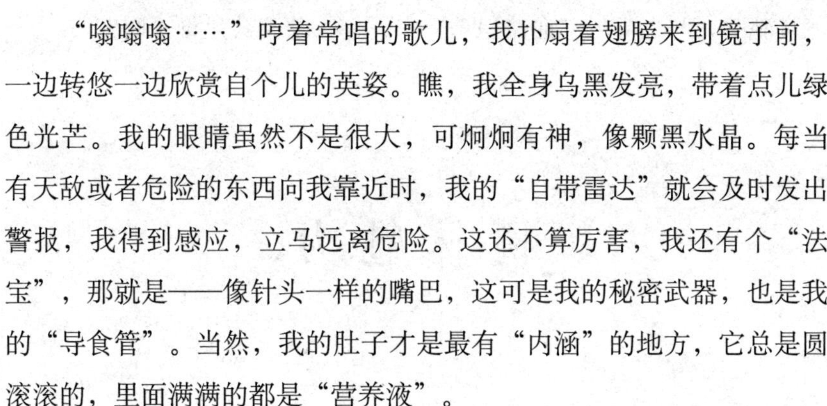

“嗡嗡嗡……”哼着常唱的歌儿，我扑扇着翅膀来到镜子前，一边转悠一边欣赏自个儿的英姿。瞧，我全身乌黑发亮，带着点儿绿色光芒。我的眼睛虽然不是很大，可炯炯有神，像颗黑水晶。每当有天敌或者危险的东西向我靠近时，我的“自带雷达”就会及时发出警报，我得到感应，立马远离危险。这还不算厉害，我还有个“法宝”，那就是——像针头一样的嘴巴，这可是我的秘密武器，也是我的“导食管”。当然，我的肚子才是最有“内涵”的地方，它总是圆滚滚的，里面满满的都是“营养液”。

大家都喜欢称我一声“吸血侠”。

嘿嘿，我这“吸血侠”的称号，可不是白来的。每到夜黑风高的时候，特别是在炎热的夏天，我总会静静地落在人类的身上，张开我的“针筒嘴”，悄无声息地刺进人类细嫩的皮肤中，开始贪婪地吸吮着新鲜美味的血液。有的人，反应灵敏，会一把拍过来，可我早有防备。当我的“自带雷达”发出“掌风”信号，还没等那一巴掌下来，我早已逃离。每次成功逃过一掌，我总是不忘向人类示威，在那个人的耳朵旁唱起我的《嗡嗡嗡之歌》。也有的人，反应迟钝，我就可以放开肚子畅饮一番，一直吸到把肚子撑得像个充满气的皮球时，才肯罢休。每当这时，我还不忘留下个“记号”——在那个人的皮肤上留下个“大红包”来证明我曾“到此一吸”。

当我以“蜘蛛侠”的优美姿势在墙上闭目养神时，突然，灵光一闪，一个充满智慧的主意从我的大脑袋里蹦了出来。我想：接下来要锁定“作战目标”——胖子。因为胖子的血肯定特别多，而且更加鲜美。我帮他们吸掉一点儿，不仅能帮他们减肥，还能促进他们血液的新陈代谢。哈哈，我要做了好事不留名。胖子们，此恩就不必言谢啦！于是，我又一次踏上了“万恶”的征程……

人们虽然发明了很多“武器”来对付我们，可只有少数同伴“战死沙场”，大多数的同伴和我一样，秉承着“夏风吹又生”的精神，一直驰骋在和人类的“血路追杀”中。你，猜到我是谁了吗？

桃林魅力

王晓璇

一个春光明媚的日子，我跟老爸一起去泽宾酒楼吃午饭的途中，我们的目光不约而同地被一棵大放异彩的桃树吸引。

远远望去，桃花一团团、一簇簇的，如诗如画，美得醉人，让人越看越喜欢，就像嗓子干渴得冒烟的人突然发现了甘泉那样兴高采烈。

我的脚步不由自主慢了下来，最后终于停了下来。我开始仔仔细细地观察着这棵美丽的桃树。这棵桃树的叶子还没长出来，桃花就已经慢慢地绽开了。桃花的颜色有好几种呢，红彤彤的像是一片片火红的晚霞，粉嘟嘟的如一张张小姑娘可爱的小脸蛋，白色的则好似一个个穿着洁白裙装的天使。只要微风一来，她们就会齐心协力为我们献上一支美妙无比的舞蹈，让人如痴如醉。

随后我又慢慢走近这棵桃树，尽情地欣赏着这一朵朵美丽的桃花。有的还是含苞待放的花骨朵，有的才展开两三片花瓣，有的花瓣已经完全展开了。那一朵朵盛开的粉红色的桃花就像一个个的漂亮的小仙女，楚楚动人，花心中的花蕊就像她们眼睛上的长睫毛，让我情不自禁地想在她那娇嫩而又小巧玲珑的小脸上亲上一口。满树的桃花又好似一个个顽皮的小孩子的笑脸，正在冲着我微笑呢。三五成群的麻雀在桃树枝上不停地跳来跳去，并叽叽喳喳地热烈讨论着什么；一只只“嗡嗡嗡”的小蜜蜂在一阵阵沁人心脾的芬芳的指引下，纷纷靠近桃花，好像在说：“这儿的桃花真美呀！”突然一阵大风吹来，花瓣像鹅毛大雪一样纷纷扬扬地飘落下来，宛如传说中的“花瓣雨”，让人仿佛置身美艳无比的人间仙境。

桃花美景，真是令人流连忘返！我爱这美丽的桃花！

我家的水族馆

郭晓宇

我家有一个小小的“水族馆”，里面住着许许多多的“居民”：

有小金鱼、石斑鱼、垃圾鱼、鳑鲏鱼、田螺、小虾，等等。关于这些“居民”的故事吧，我可能三天三夜也讲不完。那么，我就简单地挑几件事和大家分享一下吧！

要说“水族馆”里最贪嘴的莫过于垃圾鱼了，虽说这垃圾鱼长得虎头虎脑，还穿着时下最流行的“豹纹”衣，可是却没有一点儿绅士风度，它就像只馋嘴的小花猫，看到任何东西，都想去尝一尝。有一天，这条垃圾鱼不知是饿了呢，还是无聊呢，竟然游到田螺的鳞上去吃食。这田螺也不甘示弱，使出九牛二虎之力，竟把垃圾鱼牢牢地吸住了。这下垃圾鱼可惨了，它进也不是，退也不是，足足被田螺卡了两天。后来，我实在看不下去了，才把它俩分开。这下，垃圾鱼变成了破嘴鱼，真是“鱼螺相争，两败俱伤”啊！

鱼儿的吃食也异常搞笑哦！有一次，我一不小心把面包掉到了地上，于是就捡起来，扔进鱼缸里喂鱼。才眨眼的工夫，石斑鱼就冲上来开吃了，只见它一刻不停地张大嘴巴，大口大口地吞食面包屑。然而，鱼缸底下的一群鳑鲏鱼也嗅到了食物的味道，它们一齐拱上去，气势汹汹地围攻石斑鱼，开抢食物。石斑鱼一看形势不妙，赶紧撤退。但是，已经来不及了，石斑鱼被啄得落花流水，夹着尾巴逃走了。旁边别的鱼儿看到这一情景也不敢过来，只有等鳑鲏鱼吃饱了游开后才敢来吃。

这就是我家的“水族馆”，里面的居民活泼而又有趣。如果你看到它们，你肯定也会喜欢它们的！

快乐的巡游

付欣悦

今天下午，“江干区第二课堂场馆游”开始啦！各个班级向着预定的场馆兴高采烈的出发了，我们班分成两个小队，一队去科技馆，我们二队的十九人去京剧馆。

京剧馆坐落在景苑社区里面，社区周围是繁忙的马路，车辆川流不息。走进京剧馆，感觉很整洁、安静。传人耳朵是悠扬的二胡声、有节奏的锣鼓声。

我们带着自己的五颜六色的脸谱。让我不禁想起来“说唱脸谱”里的：白脸的是曹操，红脸的是关公。我选了红色的脸谱，当然代表的是文武双全、大名鼎鼎的关公。

最吸引我们的是京剧馆里跟表演老师学京剧，表演老师拿来了一件漂亮的戏服，淡紫色的面料显得很高贵，领口绣着精美的图案，最特别的是白色的长长的袖子，老师告诉我们那是水袖。它的用处可多了：古人行礼时，扯起水袖，表示恭敬；可以遮挡害羞的脸庞……看似简单，但是想甩好水袖要下苦功的。我们和孙老师一起跟着表演老师一板一眼学着。平时上课严肃的孙老师面带微笑，学着表演老师一招一式，一个个眉目传情的眼神。看着表演老师动作那么流畅、优美，我们很是佩服，真是俗话说得好：台上一分钟，台下十年功啊！

我们还知道了京剧是中国的国粹艺术，有着悠久的历史。我们还学到了很多知识，什么是念做打唱，什么是生旦净末丑。学了一段表演艺术大师梅兰芳的“贵妃醉酒”，那可是全世界都耳熟能详的名家名段啊！真高兴啊！

通过巡游第二课堂场馆，丰富了阅历，增长了见识，开阔了眼界，希望我们中华民族的传统文化发扬光大、永远绽放！

突如其来的听写大赛

陆欢

早自习时，当领读员还在领着同学读书时，李老师大步地走进了教室：“记一单元和二单元的‘读读记记’，五分钟后听写！”五分钟过后，开始听写了。

“第一个，翡翠！”随着李老师一声令下，同学们胸有成竹地拿起了手中的笔刷刷地写了起来。

“第……个，山涧，”有的同学很有信心地写下，当写到“涧”字的时候，会想是“间”还是“涧”呢？这对我来说，小菜一碟，于是我迅速地写下来。写完便高高地举起手，抬起头望别人，只见有很多同学抓耳挠腮。老师见了，接着报了下一个——“锦缎”，我听得模模糊糊的，心想到底是“锦缎”还是“连绵”？应该是“锦缎”吧！我的心又立马紧张起来，变得忐忑不安，万一是“连绵”呢？最后我还是选择了“连绵”！

紧接着是默写“日积月累”，我得意扬扬地写起来，自以为自己可以打一百分！写完以后，我开开心心地把本子交上去，心想肯定可以拿一百分，那又可以领小红旗了，真开心。心里暗暗地欣喜着。当我把书打开一看，什么？竟然是“锦缎”！我又看“日积月累”，接下来是“夕阳山”，我居然把它写成了“西阳山”！我那时眼睛都快瞪出来了！我真是太粗心了，夕阳嘛，就是太阳快落山了，怎么可能会有从西边出来的太阳呢？我只好乖乖的认真的更正喽！心想等下会有好“果子”吃。

“原来，你们昨天是这么认真完成家庭作业的！”听着老师的“夸奖”，我们的脸都红得像小苹果!

这次听写，我懂得了，无论做人还是做事，都要留意生活中的细节，这样才可以与“成功”交朋友并在一起。

怀念那时光脚丫

依稀记得夕阳西下时，姨奶牵着我的小手，我兴奋地走在软绵绵的田地里，身后的世界一片金灿灿的。如今生活在高楼林立的城市中，一晃竟好多年年过去了，真怀念那段随性的生活！

边城印象

张墨寒

湘西是一块神奇又神秘的土地，这里每一个地方的文化都鲜为人知，好像蒙上了一层神秘的面纱。今天让我揭开这层神秘的面纱，为你介绍湘西的“三大神秘”之处。

湘西的神秘，浓缩在宋祖英动听的歌声里……

清晨，我们被一阵动听的山歌吵醒，便跑到楼下旁边的广场去看，一群女人正向广场走去，中间有二十岁的，有三十岁的……甚至还有八十岁的，这些女子六十岁以下的都头戴银饰，身上也有好多银饰，算是把全部家当给自己装上，想把自己打扮得漂亮、高贵、上档次。只见她们两三一组，五十一群，在那儿围成一个圆，对着山歌，对不出来要喝罚酒：

神秘的客人来这儿哟，
桃花朵朵开哟嘿，
我们都衷心欢迎您哪，
衷心欢迎，哟嘿！

她们对着歌，喝着罚酒，脸上看不出来有一丝不高兴。

湘西的神秘，闪烁在沈从文千古不朽的文章里……

一进入古城，好像进入了古时候，两边房屋，仍然保留着吊脚楼的建筑，两旁店铺、摊子不计其数，生意兴隆。

我们上了个小竹排，摇撸的人，在摇撸前进。我妈从一上船就不停地按快门，好像一个人拉着枪栓在谋杀我妈的胶卷。我们欣赏着旁边的美景，水是那么绿，绿得像一块翡翠，没有一点儿杂色。旁边的吊脚楼大半部分被在水面下的柱子撑着，犹如一栋大楼立在水面上。

我们在一座桥上往下看，船好像悬在水面上的一条龙，有一个“翠翠”（沈从文《边城》里的女主人公）站在船头，似乎在等着她的爷爷归来。古城真是如诗如画，一副繁荣昌盛的景象。

湘西的神秘，隐现在黄永玉浓墨淡彩的书画中……

“波光粼粼气色好，古城神秘吊楼奇”。湘西的神秘还不止这些，这里的神秘，还藏在更多的地方：掩藏在鬼斧神工的武陵群山里，浸泡在蜿蜒曲折的五溪流水中……

阿婆家的猫

陆禹涵

乡下阿婆家养了一只可爱的小猫，小猫的全身呈白色，一双黑色的眼睛如同两颗黑钻石，闪闪发亮，略显神秘的小尾巴，高高上扬。

可爱的小家伙十分乖巧，大家在吃饭闲聊时，它便静静地喝着它的牛奶，大家在看电视的时候，它便安静地在地板上梳理它那有光泽的毛发，只有家里的小朋友们在玩耍时，它才会迈出它那细长的腿，优雅地在小路边散步。

小家伙十分爱整洁，总会伸出舌头，慢慢地舔干净它那毛茸茸的爪子。小家伙也很聪明，每次我回去，它都会围着我“喵喵”地叫，好像在说：“欢迎你回来，我的小朋友。”有一次，我拿了一些米饭给它吃，可它一口也不吃，直瞅着我叫。我听懂它的意思了，立马拿了一条小鱼放在米饭上，它便立即抢了过来，用爪撕着，用嘴咬着，津津有味地吃着。

咦！今天小家伙好安静，原来是在那儿呼呼大睡呢。我蹑手蹑脚地靠过去，很好奇地仔细观察起来。我发现小家伙睡觉的姿势还蛮优美的，而且与我们睡觉的姿势不太一样。小猫睡觉的时候，把身子盘得像蜗牛壳似的，肚子一起一伏，几根长长的胡须一抖一抖，还发出“呜呜”的声音。我觉得特好玩，就用手去摸它，逗它。机灵的小猫耳朵一竖，头马上抬起来，一看是我才松了一口气，然后张张嘴，伸了伸爪子，打了一个长长的哈欠，再一次进入了梦乡。我想，猫白天大睡一定是要给晚上的捉鼠大战养足精力吧！

小家伙也不是好惹的，有一次，爷爷用铁笼子诱捕到一只老鼠，我脑子一转想出了个好主意，把铁笼子拿到它跟前，想试试小家伙会有什么反应。只见它伏着身子，竖起毛发，猛扑上去，龇牙咧嘴地露出凶相，还发出“嘶——嘶——”的声音。它伸出前肢，使劲儿地拍打着铁笼子，吓得老鼠躲在铁笼子的角落里瑟瑟发抖，还不时发出“吱吱吱”的声音，好像在说：“求求你了猫大哥，饶过我吧！”

可惜呀，坏老鼠是不能放过的。我把笼子打开，小猫一下子扑过来，把它叼走了，跑到一个没人的角落去美餐了一顿。嘻嘻，还真是蛮厉害的嘛！

这就是阿婆家的小猫，一只可爱又机灵的小家伙！

老妈写真集

陈建林

每个人，都是一个多面体。慵懒、勤劳，坚持、放纵，马虎、严谨……很多完全相反的字眼，却可以非常协调地出现在同一个人身上，奇怪吗？看完我老妈的写真集，你马上就会习以为常了！

翻开记忆的相册，首先看到的是超正版的铁杆粉电视迷老妈。告诉你，她可是我们家的电视狂人。一提到电视剧，马上就可以精神百倍。什么《青云志》，什么《麻雀》《旋风少女》，还有《微微一笑很倾城》《幻城》……老妈早就看好几百遍了。电视剧里的台词，老妈能通通背下来，还可以一字不差。我可没夸张，你看看我老妈看电视时的认真劲就知道了。老妈只要往电视机前一坐，什么事都得靠边，就像被催眠了一样，一坐几个小时，一集连着一集，直到看完为止。而且老妈的表现完全跟着剧情走。主人公取得胜利了，老妈就会露出得意的笑容，兴奋得手舞足蹈；女主角被坏蛋坑了，她气得一边拍打着桌子，一边大呼小叫，忙着想办法支着儿；剧情出现转折，陷入低谷时，老妈红着眼睛唉声叹气，悄悄抹泪；主人公终于克服困难，化险为夷时，老妈又会如释重负，露出孩子般开心甜美的笑容……不仅如此，老妈看电视，还很注意细节。哪个镜头主人公是什么表情，在哪儿哪儿他们都说了什么，坏蛋使坏时，其实有哪些破绽……老妈都看得特清楚，而且一边看还一边分析。如果哪个地方没看懂或没看清楚，她就会重看几遍，直到完全搞明白为止。总之，老妈对于电视剧的认真程度，远比我读书听讲来得认真，对于这一点，我真的是望尘莫及，自叹不如呀。

看电视时有始有终，可减起肥来，老妈的自制力马上就会降为零。别看她早上起床称体重，晚上睡前称体重，一天到晚“减肥！减肥”喊个不停，真遇到好吃的东西，老妈可从来没有放过的意思！“水果应该不会长肉吧！没事，可以吃！”“听说喝安慕希能帮助减肥，先来两瓶！”“儿子，我晚上减肥不能吃饭，把你的鸡腿、汉堡和可乐让给我吧，你再去买一份，免得我晚上饿！”天！连我这个门外汉都知道，不管是啥东西，吃太多了就会胖，像这样一直找理由给自己吃，老妈，这肥啥时候才减得下去呀？依我看，她这漫漫减肥路，恐怕得比万里的长城还要长！

迷电视，懒减肥，可我最无法忍受的是老妈对我学习上的严厉和坚持。那简直就是魔鬼式训练嘛！天天都要查我的作业，查我的考试试卷，查我的背诵，查她给我买的那些课外试卷……计算题，错一道，罚十道；单词，错一个，再写二十个；背诵，错一句，整篇重背三遍；课外作业，忘记一回，多写三页。妈妈呀，这哪里是什么严格要求，这是太严格了好不好？可是，抗议是没有用的，哭闹也是没有用的，妈妈就像最严厉的检察官，她会一直坚持到我乖乖从命，照章执行为止。唉，反观她自己半途而废的减肥，这真是“只准州官放火，不准百姓点灯”啊！

看看，这就是我老妈写真集中的几页，你是不是也已经被她深深地吸引，想了解更多呢？那就来我家吧，我一定会介绍我的老妈给你认识的。

大海，我爱你

胡佳怡

刚到海边，我就被迷住了：整个大海就像一块巨大的蓝宝石！岸边的水呈蓝绿色，在阳光的照耀下变得亮晶晶的。此时，晶莹剔透的海水仿佛就是一面宝镜，华丽，但不失风韵。海风吹来，海面又马上成了随风轻摆的、柔软的蓝缎子，顺着海岸线飘呀飘，摇呀摇！远处，一个接一个的巨浪不断地朝岸边涌来，刚才飘呀摇呀的蓝缎子一下子不知跑哪去了，只看见巨浪重重拍击在岸边岩石上，撞出一朵朵怒放的鲜花……

海滩上，沙子非常细，在阳光的照耀下金黄金黄的，仿佛铺了一地的金子。踩上去软绵绵的，尽管还有点儿黏糊，但却舒服极了！沙滩上还有各式各样的贝壳和海螺：有的大，有的小，有的穿着条纹衣，有的套着虎皮袍，还有的干脆博出彩，披件红棉袄就这样登台走秀，出现在众人的视野……远处，还有许多羽毛洁白、一尘不染的海鸟。它们喜欢到人少的地方觅食，一有人走近，它们就“呼”的一声，几十只一起飞走了，场面很是壮观。海滩上，小孩儿在追逐玩耍，大人在休闲聊天，老人则在一旁静静地享受着这天伦之乐……

才扎好帐篷，晨晨妹妹和我就迫不及待地换上泳衣，套上泳圈下海玩水去了。别看天气那么热，可海水还是冰凉冰凉的，好舒服呀！

站在水里轻飘飘的，好像一不留神就会飞起来。一个个巨浪拍打在身上，凉凉的，痒痒的，使浮力倍增。就这样，我俩好不容易到远一点儿的地方去，正高兴呢！突然，又一个巨浪打来，哎，我俩又被冲回岸边了。“哇！好咸！”被冲到岸边的晨晨妹妹沮丧地说。哈哈，原来，刚才那个巨浪让她喝到了不少海水，幸好我反应迅速，不然我也得喊了。看着她不停洗着嘴巴，我哈哈大笑起来。我正幸灾乐祸呢，没想到又一个巨浪打来……哎，我也尝到海水的咸味了！那味儿，简直就是几百瓶盐调制出的。再说妹妹，她看着我那狼狈不堪的模样，笑得喘不过气来。

时间在快乐中飞快地流逝，不觉就到了晚上。半夜，睡在沙滩帐篷中的我被吵醒了。“这里有……啊，那里也有一只……当心，不要被螃蟹夹到了……”透过纱窗，我看见许多人在外面抓螃蟹。有的拿着瓶子准备“守瓶待蟹”，有的根据螃蟹爬过的痕迹挖着洞穴，还有的则拿着手电对着洞口照想“引蟹出洞”……虽然白天玩得太累的我没有参与，但隔“窗”观“抓蟹”也是一件非常有趣的事情。

邻居王爷爷

蒋　风

邻居王爷爷双手长满了瘤子，右脚脚趾也被切除了，乍一看，煞是吓人。奶奶说那是他年轻时修建人工河时受了凉，染上了风湿性关节炎所致。

王爷爷沉默寡言，不苟言笑，看上去像一块坚硬的石头。他和老母亲住在一间小破屋里。一到雨天，小屋里便“雨脚如麻未断绝”，到处漏雨。即便如此，他也带着老母亲坚韧地生活着，自力更生。我经常能看到他搬着凳子坐在田边除草。但凡能自己做的事情，他从不麻烦别人。

后来他的病情加重，行动更困难了。他弟弟心有不忍，帮他重新修建了房子，并搬来和他同住。原以为他的生活会有所好转，却不想他不久之后直接住进了医院。听说医生建议他截肢，我听后心里挺悲伤的，他可是个要强的人啊，这一截肢，以后的生活怎么办？

再次见到他是一年之后了，看到他的腿还在，也能慢慢地踱步，我暗暗松了口气。他弟弟以放养草鱼为生，生活也不宽裕，他的弟媳对自己丈夫搬回来住的行为颇为不满。大概是真不愿拖累弟弟一家吧，他也不跟他们一起吃饭，而是靠着微薄的低保金，和老母亲平平淡淡地过着日子。

我一直以为他是比石头还坚硬的人，不会悲痛地大声哭泣。

第一次见他哭是在他母亲的葬礼上。老太太半夜安静地去世，直到早上才被人发现。王爷爷站在遗体旁边大声痛哭，鼻涕眼泪满脸都是。相依为命的老母亲的离世对他来说是晴天霹雳，让他肝肠寸断。

原来，一直以来，他都用坚硬的壳包裹了柔软的心，坚硬是生活的种种磨砺所致，也许内心柔软才是真正的他吧。他默默地照顾着老母亲，不想连累弟弟，他在沉默里对抗着身体的病痛，忍受着生活的艰辛……

王爷爷的坚硬与柔软让我格外佩服，他用坚硬的壳去面对生活的苦难，用柔软的心去对待身边的人。从他身上，我学到了忍耐，学到了不屈，学到了怎样勇敢地面对生活。

第一次写发言稿

万秋岳

“这写得怎么这么差！”妈妈厉声责问我。她的语气让我感到十分不满。

今天下午，因为我们班个别同学对老师占课表示不满，语言行为有些过激。语文老师为了教育我们，找了几个写作能力比较强的人就这件事写篇发言稿，好让我们在交流中增进理解。我很“荣幸”地被选中了。当时，我认为这是一件光荣的事，可没想到写起来却是如此艰难。

唉，我明明已经用心写这篇发言稿了，可还是被老妈批得一无是处。我心灰意冷，真想放弃不写了，可一想起班主任毛老师那期待的眼神与信任的目光，便重新振作起来。

这是我第一次写发言稿，没有经验，该怎么写呢？我苦苦思索，还是很迷茫。

妈妈好像看出了我的心思，便对我说：“让黄老师（我的课外指导老师）给你指导一下再写吧！”于是我拨通了黄老师的电话。在得到黄老师的同意后，我和妈妈便一起来到了黄老师家。

我把事情的前因后果说给黄老师听后，他的表情严肃起来，对我说：“你写这篇发言稿的时候，可以先体会一下毛老师当时的心情，

再写一下同学们叛逆的心理活动。行文中还要采用抒情、议论的方式，呼吁老师和同学相互理解。你写发言稿的目的，可以确定为在师生之间架起沟通的桥梁……”

黄老师一说完，妈妈便在一旁鼓起掌来。黄老师这一番话拨开了我心头的愁云，使我豁然开朗。我依照黄老师的话，开始修改自己的稿子。

经过黄老师的指点，修改工作很顺利。我还灵感大发，在最后添上了一段排比句：“不要过于暴躁，还老师一份好心情；不要太过叛逆，还老师一份尊重；不要过于自我，把这份失去的爱寻找回来吧！但愿这份理解和关爱地久天长。”

终于改完了，我心中的一块石头总算落地了！

后来，我的作文被老师选出来在班上朗读，赢得了经久不息的掌声。老师也感慨地说，要多理解学生，尽量不占用学生的自习时间。没想到一篇小文章竟能促进师生间感情的交流和沟通，我心中的幸福感真是油然而生！而且那种被老师信任的感觉，更好！

怀念那时光脚丫

王伟然

那时的我体弱多病，被姨奶接回了老家。田间的小水渠里流水潺潺流淌，伴着布谷鸟欢快的歌声，清新自然。高大粗壮的白杨树仿佛一把利剑要戳穿苍穹。大片大片黄褐色的土地错落有致地绵延到天际，我从未见过如此广阔的旷野。

最喜欢姨奶带我到菜园玩。刚开始的时候，我看到姨奶脱掉鞋袜，卷起裤脚，双脚陷在松软潮湿的泥土中，有些许泥点黏在脚踝上，像块黑疤似的，真难看！我厌恶地后退几步。姨奶连忙拉住我，笑嘻嘻地说："丫头，地通人性，不能穿鞋踏进来。穿着鞋子一踩，地喘不动气儿，蔬菜就长不快啦！"她催我脱了鞋袜下田。

在我的脚底触碰到泥土时，我觉得像是踩到了一块玉，清凉舒坦，又像站在极有弹性的蹦蹦床上。我兴致渐生，在泥土里走来走去，蹦蹦跳跳，即使踩到了石子，也不以为意，就当那是天然的足底按摩，真是让人筋骨舒畅。大自然的清新紧紧裹挟着我，这感觉太美了，我尽情地在泥土里走来跑去。看着我的疯劲儿，姨奶忍俊不禁，慈爱地说："你呀，老是生病，就是因为不晒太阳，不吃地气儿，孩子见土才长得壮呀！"虽不懂"地气儿"是什么，我却能感觉到脚踩土地时有一股凉爽的气息传遍全身。

回家路上，姨奶不厌其烦地给我讲新播种的四季豆、葫芦等蔬菜的生长过程，讲蒲公英、苦菜、荠菜、车前草的不同，还笑话我分不清地瓜和土豆。我慢慢开始接纳这个崭新的世界。

看着姨奶手掌上的血泡和老茧，看着她满怀深情地像对待自己的孩子一样抚摸粗笨的农具。吃着新鲜的蔬菜，闲谈着鲜活的农事，和村子里的孩子一起追逐、摔跤、捏泥人、弹玻璃球……我慢慢融入了这方小天地，生活平淡而美好。

暑假，妈妈来时，我正趴在田地里观察韭菜。妈妈急忙拉起我，不停地拍打着我的衣裤。见我没穿鞋，妈妈大吼道："没穿鞋就瞎跑，你知道这地里有多少细菌吗？"赶来的姨奶拉住了我，对妈妈说："别怪孩子，是我的主意。孩子吃了地气儿才不会生病呢！""您那土法子太老套了，都什么年代了？！"母亲气极了，拉着我踉踉跄跄地出了菜园。

后来，我再也没回过老家。姨奶不时来看我，带来时鲜的蔬菜，告诉我老屋旁的黄瓜开花了，田里的香菜抽条了。她几次提出带我回老家玩，都被妈妈婉言谢绝了。

依稀记得夕阳西下时，姨奶牵着我的小手，我兴奋地走在软绵绵的田地里，身后的世界一片金灿灿的。如今生活在高楼林立的城市中，一晃竟好多年过去了，真怀念那段随性的生活！

窗外那株海棠

范文玉

去年春天，父亲买来一株盆栽海棠，随手栽在一个破旧的花盆里，放在窗外的地上，也没太多理会它，有点儿让其自生自灭的架势。过了没多久，它就慢慢地蔫了下来，枝条低垂着，叶片卷曲着，也没有光泽。不要说开花了，连一个嫩芽也没有冒出来，从春到夏再到秋，一副无精打采的样子。冬天还没有来，它本来就不多也不大绿的叶子就掉落完了，只剩下灰不溜秋的、低矮的枝干在秋风中瑟缩着。我很伤心，我觉得这株海棠是过不了冬天的。

这年冬天的雪下得特别大，特别频繁，窗外的海棠连盆带花株被积雪埋住了好几回。父亲说，看来，这株海棠真的不行了。夏天晒不死，冬天也得冻死。

春天悄悄降临了，海棠花盆里的积雪渐渐消融。海棠也露出了灰灰的枝条。一天夜里，下了一场春雨。早上推开窗户，一股清新的空气扑面而来，我还听到了几声清脆的鸟鸣。无意间，我瞥见了窗外的那盆海棠，灰灰的枝条泛出淡淡的绿意。我欣喜若狂，跑到它跟前，蹲下身子仔细观看，哇，它淡绿色的枝条上，竟然冒出了十几个暗红色的芽苞来！有麦粒大小，像闪闪的星星，发出光亮，又像就要睡醒的宝宝，抿着嘴偷笑。

“爸爸，快来看啊，海棠发芽了！”我欣喜地叫道。父亲走过来，端详了一会儿说：“难为它了，还真的活过来了。这就叫作顽强。”有了阳光雨露的滋润，我又给它施了点儿肥，海棠发了疯似的生长起来，好像要把去年一年积攒的能量全部释放出来。芽苞吐出了叶片，嫩绿变成了深绿、墨绿。不久，在一簇簇叶子中间，探出几根细细的花茎来，花茎顶端，红帽似的戴着花骨朵儿。不几天，那花骨朵儿便迎风招展，怒放开来，像一片灿烂的红霞，像一束燃烧的火炬。在我们的院子里，它是一处最美的风景。

风没有停，雨也没有歇。我家的海棠还在经受风雨的洗礼。我坚信，经历过生与死的考验，这株海棠花不会轻易为风雨所折服，雨过天晴，它会开得更美、更艳、更灿烂。

我的小本生意

张廷帅

我的名字叫张廷帅，大家都叫我“长得帅”。带上我的作文素材收集本，脚踏运动鞋，肩背采集包，脖子上挂个望远镜，我去天地

间采风喽！大到神秘的宇宙，小到搬家的蚂蚁，到处都能找到写作素材。我用我帅气的眼眸发现这些点点滴滴，一条条记录在我的素材收集本上，以后写作，我就不会觉得没有内容可写了。翻开记录本，脑中浮现奇思妙想，然后下笔成文，就得心应手了。

我在小区的游乐场玩，看到那里放着许多弹珠游戏机，小朋友们把一元硬币放进游戏机的“嘴巴”里，机器便会吐出五粒圆溜溜的弹珠，用这些弹珠来打游戏，往往几分钟就会输得精光。我灵机一动：倘若我在网上批发一些弹珠，卖给这些小朋友，一元六粒，他们也划算，我也能赚点儿零花钱。听了我的想法，妈妈也很赞成，她帮我在淘宝网上搜了一下，用十三元买来六百粒弹珠。

我在游乐场上转来转去，问那些打游戏的小朋友：“要不要买弹珠？机器上一元五粒，我卖一元六粒。”奇怪的是，我喊破了嗓子，也没有人来问我买一粒弹珠。我没想到生意会这样难做，拎着弹珠袋子扫兴地回家了。

妈妈安慰我说：“不要气馁，我们来分析一下失败在哪里。你看，你的弹珠袋子那么脏，顾客肯定会觉得你的弹珠质量不好，你把弹珠包装一下再去试试？”我找来漂亮的玻璃纸，把这些弹珠包在里面，看起来像漂亮的礼物。

这一次，我跑到小区游乐场，很多爸爸妈妈来买我的弹珠，看来，商品的包装是非常重要的。

我想到妈妈经常在微信上购物，如果把我的弹珠照片放在朋友圈里，会不会有人来买呢？我把弹珠摆好，给它们拍了美美的照片，还用“美图秀秀”美化了一下，配上一段文字，发在朋友圈里。

“嘀——”没过多久，手机就响了，我拿起来一看，居然是一个小朋友问我买弹珠，她一共要买十粒不一样的。这个顾客的要求可真高，但我还是得努力满足她的要求，因为顾客是上帝嘛！我好不容易找到十粒不一样的弹珠，用玻璃纸包好，拍好照片发给她看。她用微信红包发给我两元钱，并告诉我交货的时间和地点，让我送货上门。我欣然答应了。因为我在一本书上看到过：服务态度好，生意也会更好。

“嘀——”妈妈的手机又叫了一声，一个老奶奶问我买五十粒弹珠，她是用来放在鱼缸里的。这笔生意，我一下子赚了十元。

我用微信联系了我的大姑奶奶，问她要不要买几粒弹珠送给她的小孙子玩。她很开心地买了十粒，还夸我有经济头脑。看来，主动发现客户、开发客户是很重要的。

就这样，我赚了一些小钱，为了让钱生钱，我用赚来的钱批发了一些铅笔、橡皮、小玩具，卖给需要的人。当然，我也会拿出一部分钱购买小礼物，一部分送给我的朋友，感谢他们给我介绍生意，一部分送给我的顾客，希望他们和我保持联系。就这样，我的“零钱雪球”越滚越大，我很开心。

我的理想是当一名商人，所以我要努力培养自己的经商意识，学习经商经验，不断总结，提高自己的经商能力。

我们家有一个蛋仙

陈馨月

我们家有一个蛋仙，那便是从小吃了N个蛋的我。据不完全统计，光今年春节期间我就吃了三十多个蛋。

记得在我五岁时，有一天我闹得特凶，哭啊，喊啊，使尽了浑身解数。终于妈妈忍无可忍，被迫煮了两个水煮蛋。一看见蛋，我就开心了，一手拿勺，一手将蛋按住，将蛋白放入嘴里，不到五分钟，蛋被我消灭了。

可是有一天，无论我怎么闹妈妈，她都不给我吃。我想起了爸爸对我说的话：爷爷是种菜的，每播下一颗种子，长出来的可能是原来的一千倍、一万倍。我听了，心里喜不自胜。

于是，我偷偷地溜到了冰箱跟前，“偷”了一个鸭蛋，拿了一块小木板，独自溜到田里，刨了一个坑，小心翼翼地将鸭蛋放了下去，再将土埋上：嘿嘿，事成之后，便会有千万个鸭蛋向我砸来！在种蛋的地方，我特意插上了一个木牌，我得意地笑了。

过了几天，当我来到小木牌前，惊喜地发现这里长出了一株小苗。我赶忙将我的成就告诉了爸爸，他很疑惑：“鸭蛋成了小苗……”当他来到我的“实验室”一看，笑了，立刻刨出了我的鸭蛋。“嗯？怎么回事，鸭蛋没发芽？”

“当然。”爸爸笑了，“鸭蛋不发芽，就像梨树不结苹果一样啊……”

我终于茅塞顿开。想着想着，我收起了木牌，拿了支笔，在上边画了个蛋，旁边画了一棵小苗，又在小苗上打了个叉，然后将它收藏了起来。

每当我看见这个木牌，我就会听见爸爸对我的话：“鸭蛋不发芽，就像梨树不结苹果。”

“浪子”老爸

吴晓光

爸爸怎么会是“浪子”呢？事情还得从我上英语培训班开始说起。为了让我的英语成绩更上一层楼，妈妈毫不犹豫地替我报了周末的英语提高班，而老爸义不容辞地承担起接送我的任务。来到培训地点，等车停稳后，我便迫不及待地冲上了楼。而素有“工作狂”称号的老爸，为了避免忘记时间过来接我，决定在楼下等我。这一等可是两个小时，总不能老是待在车里吧，那还不得热晕了啊！于是，老爸决定在附近找个有空调的地方纳凉，顺便读读随身携带的文学作品。

第一站，老爸来到了距离培训班最近的邮局。他悄悄地坐在大厅里的长椅上，拿出一本《草房子》，与书中的桑桑一起认识慧思和尚，勇斗刘一水……可是好景不长，半个小时过后，一位工作人员走过来，委婉地对老爸说：“先生，对不起，我们邮局马上要下班了，请您另寻读书的地方，可以吗？”“哦，当然可以，不好意思。”老爸举起一只手表示抱歉，合上书匆匆离开了。刚出大厅门，便被一股无情的热浪整个儿吞没了。唉，好热！

第二站，老爸走进了邮局对面的北山大饭店。他扮成顾客的样子，大摇大摆地穿过大厅，来到一个比较偏僻的包厢，心想：这次应该没人打扰我了吧。他心满意足地坐在椅子上，又拿出《草房子》津津有味地读起来。可上帝好像故意和老爸作对似的，大概过了四十分钟，一位服务员过来上菜时发现了老爸，诧异地问道：“先生您好，我们的客人马上要来了，请您不要在这里看书，行吗？”“哦，行，实在不好意思啊！”老爸不得不合上书再次转移。太阳虽然已经西斜，可热度却丝毫没有降低。

第三站，老爸被逼无奈，只好来到英语培训班的三楼大厅。那里虽然开着空调，可却坐满了等待接孩子的家长，而且声音十分嘈杂，根本不适合读书。没办法，老爸只好在那里又坚持了二十多分钟。终于下课了，我一眼就看见待在大厅的老爸。老爸一见到我便说：“闺女，你终于下课了啊！”听了他的话，又看见他满脸的无奈，看来一定有故事，我便缠着老爸讲。于是，他拉着我的手一边走一边滔滔不绝地讲了起来……

从此，我和妈妈都风趣地称老爸为“浪子”。正是因为有了这位“浪子”默默地陪伴和付出，才有了我各方面的突飞猛进。在这里，我要真心实意地对老爸说一声“谢谢”。

校园之路断想

廖予怀

我还是第一次这么不光明正大地走在校园里。

一不小心把作业落在学校，跟保安交涉了好一会儿，才终于可以在下午四点钟堂堂正正、大摇大摆地进了校园。我想，那寂寞了好久的校园之路，大概也等着我吧。

一只飞虫在我眼前晃来晃去，还扑扇着翅膀，好几次都险些打到我的耳朵。飞虫到操场和大部队集合去了，我也跟着它到操场想些小心思去了。

每当这个时候，没有同学奔跑的影子，只有成排的树，挨挨挤挤地靠在一边，让出一条直直的小路。这些树总是开花，都是些白白嫩嫩、星星点点的小花，密密麻麻地挤在树顶上，看得我这个“采花大盗”心好痒，真叫“可望而不可即”。倒是那些不起眼的小飞虫，忽上忽下，轻轻地吻着那些小白花，又让我羡慕得牙痒痒了。

关于飞虫的事，似乎是无穷无尽的。

那是四年级的时候，我还只有小树的一半高，那些可恶的飞虫就得意了，天天绕着我的脑袋转圈圈。我恼了，跟林一商量了一个恶毒的计划：“这些飞虫最近太嚣张，我们总得把它们给打下去吧。”林一满脸的微笑、满嘴的赞同，好像她也活生生地受过这份罪。

我先是一阵飞奔，带着复仇的气势，一个巴掌扇过去。“咯！”我以为飞虫落地，好不高兴，可林一的表情却把我这份英雄兴致一扫而光。她两手捂着肚子，头一翘，嘴一张：“哈哈，你打空了，打空了！”我气急败坏地想，飞虫没打着，反倒被你给嘲笑了，看你能有多大的本事！林一双脚一蹬，装模作样地虚晃一番，一个泰山压顶，把飞虫全都赶到地上，瑟瑟发抖。她右手往后一抖，一摇，“啪”的一声脆响，一只可怜的更可恨的飞虫给结结实实地打着了，摇摇晃晃地跌下来，又摇摇晃晃地升上去，逃之夭夭。

一些“邪恶”的小计谋里也演绎了童真。童年，还有满意的笑。现在的人太斯文，没有人鲁莽地呼唤怒海、危崖、大自然。其实，一只飞虫也有着满满的小幸福。

脚上一阵骚动。咦，一只飞虫竟莽莽撞撞地溜到我的鞋子上。它是来报仇，还是和我说些小秘密呢，我也不知道。

又往前走着，前面的棕榈树踩着我的影子，我也踩着它的影子，我们就在那儿庄严地对视着。它直直地立着，棕色的花纹一圈一圈的。树干顶上，黄棕色的毛好像鸡毛掸子，就这么垂直地挂着，摆动着身子扭屁股。那叶子往外大幅度地张着，很有规律。

以前，我们这群熊孩子也敢跟这大树闹矛盾——

“完了完了，我那校牌挂在树上了。”张翰雨扯着嗓子又跳又跑又叫，朝我们哭诉着。棕榈树最细的枝干上竟挂着个校牌，深蓝色的，在上头摇摇摆摆。张翰雨用根长树枝抽它一下，它就抖动几下，但还是顽强地待着，镇定自若。张翰雨倒急了，在那儿指手画脚、一跳一跳的，好像玩具店里的那个“小弹人”。到底是团结力量大，我们一群人抱着大树，跟校牌一起摇晃摇晃，终于让那坚强的校牌溜出去几厘米，挂在枝尖了。我们这帮女生就在旁边多管闲事，呐喊助威，叫好声一阵一阵的。保安看不下去了，不知道是心疼还是生气，拿根长杆，把我们这群人全都哄了出去，自己一个人站在树下，把这根长杆摆弄来摆弄去。他高高地举着长杆，一钩一拉，一副煞有介事的样子，可总是扑了个空。保安怒了，使劲儿一捅，再轻轻一钩，那校牌竟神不知鬼不觉地滑落下来。

保安的一个亲切举动，都会让我们回忆好久好久。他那善意的微笑，是不是也会丰富童年的生活呢？

“小朋友，你快回家吧。”还是那个保安，还是那顶灰色的大帽子。我连声答应，冲他微笑着。

校园的路好长好长，可童年却好短好短，每走一段路，都有一个小小的回忆。掩饰天真的动作太虚伪，回忆童年才是真实的、幸福的事。一团微笑、一个恶作剧，都是童年不可缺的一部分。

校园之路的小想法，一定是没完没了的，我想。

蜘蛛侠大战流感病毒

张 跃

自从蜘蛛侠打败了所有的怪物后，就有多家机构争相聘用他。聘任书像雪花般源源不断地飞来，搞得蜘蛛侠心烦意乱。这不，“联合国抗流感医院”的聘书寄来，蜘蛛侠再三思索，决定去这家医院就职，因为人类正在受着流感的侵虐，又是禽流感，又是H3N2，搞得人类苦不堪言。蜘蛛侠决定为人类贡献自己的绵薄之力。

这天，蜘蛛侠收到一封电子邮件，原来是院长通知他：流感大王又在人间肆虐！蜘蛛侠二话没说，立刻直奔流感大王的老巢。流感大王正在家里得意：“全世界大王我最大，所有人都怕我！哈哈！哈哈！”见蜘蛛侠闯进来，十分懊恼：“你个小蜘蛛，太自不量力了！今日胆敢私闯本大王的皇宫，看我不教训你，哼哼！”

“你为了满足你的私欲，让流感病毒去伤害人类，赶快把它们召回，否则，我绝不答应。”“就你，哈哈！得了吧，我两根小指头，就能将你捻成碎片！禽流感病毒，给我上！”话音刚落，禽流感病毒便涌了上来，没等他们站稳脚跟，蜘蛛侠便先发制人，“哒，哒——”两道蜘蛛丝便射向禽流感病毒，将禽流感团团围住。可是他们却像会缩骨功一样，从蜘蛛丝的缝隙逃了出来。蜘蛛侠大惊，幸亏会飞檐走壁的功夫，不然就被流感大王生擒活捉了。

回到医院，院长拿出疫苗为蜘蛛侠注射，同时嘱咐他：“疫苗可以防止你被感染，同时你喷出的蜘蛛丝具有和流感病毒同样的功效。再加上你自身的本领，我相信你一定能将流感捉拿归案的！”这下蜘蛛侠信心十足地重返流感大王的老巢。

得意的流感大王一脸不屑：“还不死心哪，又送上门来啦！瞧我的新型武器——甲型H5N9！”甲型H5N9应声而出，谁知刚一上阵，就被蜘蛛侠的新式蛛丝击退。“大……王，他体内有我们的克星，我……我……”甲型H5N9举手投降！流感大王见最得力的大将败下阵来，也缴械投降了！蜘蛛侠把流感大王和他的手下全部带回实验室，用于科学家的研究和实验。

蜘蛛侠又一次胜利而返，给人类带来了和平、健康和欢乐！

我的魔术生活

李诗珂

说起魔术，大家一定会想起刘谦吧！我也不例外。我自从在春节联欢晚会上看到刘谦神奇的表演后，我就迷上了魔术。一有空，我就上网搜刘谦表演的魔术，然后偷偷地练习，一有机会，就露一手。

今年，我参加了艾美百货举行的少儿模特大赛。在进行才艺表演环节时，我为大家表演了“剪不断的绳子”。我拿出一根吸管，再拿出一条黑线，穿过去，对折一下，说：“我要用剪刀把吸管剪断，但是里面的线不断，你们信不信？”观众们满脸狐疑，评委们睁大眼睛。有人惊奇地问我："这怎么可能？""见证奇迹的时刻到了！"只听"喀嚓"一声，吸管断了。我故弄玄虚，慢慢拉出黑线。大家屏息凝视着我手中的黑线。最后我大声说："出来。"如大家所见，果然像我说的一样，黑线没断。一下子，雷鸣般的掌声响了起来，大家觉得很不可思议。接着，我给大家揭了密。我事先在吸管上剪了一下。表演时，只轻轻剪一下，吸管断了，黑线当然不断。我的精彩介绍又博得阵阵掌声。评委们也满意地点头，并给了最高分。

有了这次成功的体验，我对魔术表演更加着迷了。

六一儿童节那天，我也为同学们表演了一个"彩纸变糖果"的魔术。我事先在两个一模一样的盘子里各放进彩纸和糖，再把放纸的盘子放在桌子上，另一个放进抽屉里。表演开始，我举着盘子让同学们检查。大家确定没有在彩纸中藏糖果。我把一块红布盖在放在桌子上的盘子上。然后，嘴巴念念有词："变、变……"同时双手在上面挥动。突然我一手掀起红布，另一手端出下面的糖果盘。当大家惊奇地看着糖果时，掀红布的那手迅速抓起红布连同放彩纸的盘子放进抽屉里，再抓起糖果洒向同学们。顿时，欢呼声、喝彩声、掌声响成一片。我们班成了欢乐的海洋。

我的魔术生活锻炼了我的胆量和机智，也给周围的人带来了快乐。神奇魔术，精彩生活，我还会继续我的魔术生活。

我的车家族

吴昊天

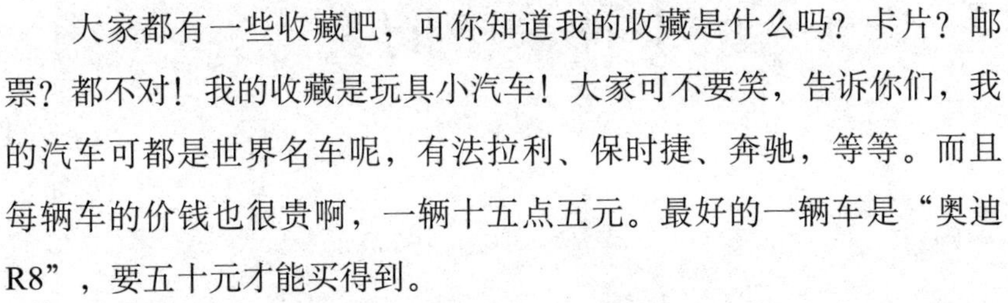

大家都有一些收藏吧，可你知道我的收藏是什么吗？卡片？邮票？都不对！我的收藏是玩具小汽车！大家可不要笑，告诉你们，我的汽车可都是世界名车呢，有法拉利、保时捷、奔驰，等等。而且每辆车的价钱也很贵啊，一辆十五点五元。最好的一辆车是“奥迪R8”，要五十元才能买得到。

刚开始，我每天放学写完作业都要玩一会儿，如今我的汽车连一个很大的月饼盒都装不下了。知道吗？我选车的时候不选别的，只买“风火轮”牌，那可是专卖跑车的。我现在有二十多辆车，统统是“风火轮”牌，没有重复。我想攒够五十辆风火轮跑车时，将来能留给我的孩子玩，成为传家宝，哈哈。

我的车家族中我最喜欢的是那辆奥迪R8，它的车身是红色的，外形呈流线型，非常流畅。见过奥迪A6吗？比那还有风度！前面五十瓦大灯，后面由比较细致的小灯组成。车灯像箭一样刺开夜空。如果你见到那辆车，你会觉得它太帅了，不过帅还不够，再看那一身高贵的装饰，你就会明白什么叫跑车。

在我的车家族中排行老二的是保时捷911。它一身黄金甲，加上尾部四个大喷火筒，简直就像王者，前面那大大的灯头与背后的尾灯，就像凤凰般美丽，美得无法用文字形容。

再看老三，那只能是奥迪R8的儿子了，奥迪TT。它通体银色，哇，看前灯，果然是奥迪R8的后代，长得真像，不细分还真分不出来。再看后灯，有点儿像但又不全像，两个大大的排气筒，一看就知道是高档家用车。

好了，车的排名说完了。下次再说第四名、第五名吧，再与大家一起分享我的汽车收藏经历。我相信我一定能攒够五十辆车！

小青菜中的爱

王　岩

爸爸出差去了，就剩下我和妈妈在家。妈妈一个人要管好家中的一切是一件很不容易的事，而且妈妈一天的工作已经很辛苦了。

晚上，我正在写作业，忽然传来一阵微弱的敲门声。我开了门，站在我面前的妈妈，戴了一个黑白方格的口罩，口罩上方那双疲惫的眼睛静静地望着我。我对妈妈说："妈妈，这么晚了，您也累了，我们去食堂吃吧。"可是疲惫的妈妈却坚定地说："不行，你的胃本来就不好，不可以吃凉的东西，都这么晚了，食堂的饭都凉了。"我想：我的肠胃的确不太好，但是妈妈哪还有力气给我做饭呀！我吃惊地望着妈妈，心里有些舍不得，妈妈却坚定地看着我，好像在说："宝贝，我还有力气给你做饭。"

妈妈放下包，摘下口罩，像生了重病的人似的，一摇一晃地走进厨房。我的心疼痛极了，像几百根针同时刺进去，鼻子也酸酸的，泪水在打着转儿。我跑回房间里写作业，但怎么也无法把心放在作业上，我一直想着妈妈那虚弱的身体。过了几分钟，我实在忍不住了，就冲了出去。妈妈用手去拿油瓶，她的手似乎在颤抖，油瓶里的油也不自觉地晃了两晃。我站在门口，眼前一片水雾泛起。过了一会儿，一个喊得很吃力的声音传来："宝贝，吃饭了。"

我走到厨房，周围的东西看上去都很精神，只有妈妈是疲惫的。我又往桌上望去，一盘绿油油的青菜冒着热气。我拿起筷子，夹起一根青菜，一股暖流涌进全身，一滴冰凉的水珠落在我的手背上，那是我的泪珠。

虽然它只是一盘青菜，但我觉得这盘青菜胜过所有美味佳肴，因为里面有一种别的佳肴没有的作料——爱。

骑 羊 羔

徐 鹏

小时候，我的梦想是当一个西部牛仔，因为我看见动画片中的西部牛仔们的样子实在是太威风啦！我好羡慕！

姥姥家有头牛，我就打算上去体验一下做牛仔的感觉。可是牛的个子太高了，我在它身边转了无数圈，也没有想到上去的办法。还有就是我看到老牛那凶恶的样子就有些胆怯。不过我没有灰心，因为姥姥家除了牛还有羊，我正要找羊的时候，却发现羊都不见了。我马上跑去问姥姥。姥姥用手指着外面反问我："你说羊在哪里？"我明白了，原来姥爷放羊去了。我只好等姥爷赶羊回来了再实施自己的计划。

快中午的时候，姥爷赶着羊回来了。等姥爷回屋歇息去了，院子里又没有其他人的时候，我就钻进羊圈开始实施我的计划了。这次，我的目标锁定了一只长着大犄角的公羊。它的样子就像个国王，威风凛凛，正是我期待的样子。我抓住大公羊的背就骑了上去，谁知它却是个既狡猾又桀骜不驯的家伙。也许是承受不住我的体重，也许是欺负我是个小孩子，也许是想故意把我摔下来，总之，它的后腿一蹬，而我又抓得不牢，"啪"的一声，我就摔了一个大屁股蹲儿，疼得我直咧嘴也不敢哭。这只公羊让我吃到了苦头。

但是我才不会善罢甘休呢。等到屁股不那么疼了，我又选了一只温顺一点儿的羊。这次我长了心眼儿，先爬上去试试。但是这只温顺羊一点儿反应都没有，就是不肯迈步，气得我踢了它一脚。这一踢不要紧，它受了刺激就在院子里横冲直撞，追着我顶。有好几次都差点儿顶着我，吓得我躲进屋子里半天不敢出门。

过了好一会儿，那只发了火的温顺羊才回圈。我又蹑手蹑脚地出门了。"吃一堑，长一智"，我总结了上两次的失败教训。这次，我选了一只可以制服的小羊。我上去骑了骑，它虽然不愿意，但又没办法甩掉抱得紧紧的我。就这样，小羊趔趔趄趄几次差点儿摔倒。虽然我胆战心惊，虽然我没有昂首挺胸像个将军，虽然我在欺负一只弱小的羊羔，但是我总算是找到了一丝做牛仔的感觉。过了一会儿，那羊"咩咩咩"扯着嗓子叫呢，姥爷听到羊的叫声有点儿不对劲儿，就跑出屋子，一见我正骑着小羊羔就急了。姥爷瞪着眼骂我："你这臭小子，没事骑羊玩儿。看你，把这羊受伤的地方又弄破了，它会疼的。你受伤了不疼吗？"我吐了吐舌头，冲姥爷扮了个鬼脸，就钻进姥姥的怀里去了，因为姥姥最疼我！

如今，一想起这件事，我就觉得对不起那只小羊羔，更为自己的淘气而羞愧。但那份乐趣却永远记在我的心头，让我一次次想起做西部牛仔的感觉……

“长征”回家

祁连旭

我从小就听爷爷讲过长征的故事，也在书上看过红军的英雄事迹，但有感动没感受。今年春季开学后，我终于感受了一次“长征”。

那是个星期三，风大天冷。我下午四点半放学后，在府东街找不到爷爷的车，在三墙路找不到妈妈的影子，我往返三次找不到接我的人，这是上学几年来从没有遇过的事情，我又着急又紧张，但我不害怕。我在想爷爷遇到车祸了？不可能，爷爷开车很慢；妈妈忘记了？不会的，从来没有过。我想坐公交，可身上没有钱；我想找同学借，可大家都回家了；我想打个电话，又找不着，我左右为难。我静静地想了一会儿，我觉得姥姥家离学校比较近，我也学学红军，来一次“长征”回家。

下定决心后，我紧了紧背上的书包，迈开了“长征”的第一步。我从府东街出发，穿过省政府，跨过旱西关街，到了妈妈单位的门口，又怕妈妈下班不在，犹豫了一会儿后，又从龙潭公园走过去，到了北大街，看到姥姥家门口的饭店后才松了一口气。我走了一个多小时，大概有七八里路。当回到姥姥家时，浑身都湿透了，姥姥心疼地摸着我的头，一时无语，流下了热泪。我也顾不上既渴又饿还累，赶快给妈妈打了个电话，结果妈妈和爷爷正在学校门口因接不上我而着急呢。妈妈回家后才弄清楚事情的缘由，原来是老师给妈妈发了短信，说我放学后要打乒乓球，六点再去接，实际上我打乒乓球的时间是在星期五而不是星期三。

一场误会让我品尝到了“长征”的艰辛。我会背诵毛泽东的七律《长征》诗，我的“长征”虽然没有“远征难”、没有“五岭逶迤”、没有“乌蒙磅礴”、没有“金沙水拍”、没有“大渡桥横”，也没有“岷山千里雪”，但有刺骨的寒风、有弥漫的尘土、有迷茫的路途、有越背越重的书包，这对我这个十来岁的儿童来说也是一个不小的考验，对我一个出门就坐车很少走长路的小孩子来讲也是一个不小的锻炼，对我的意志也是一个不小的考试，但是我及格了，大人们都说我“长大了”。

尽管如此，他们还是不希望再发生这种事情，都提心吊胆地帮我支着儿，姥姥说，“应该原地等”；姥爷说，“再回学校等”；妈妈说，“该买个手机”；奶奶给我两元零钱让我“坐公交”；爷爷说，“写篇日记做个纪念”。

“长征”回家，让我体会到了“长征”的艰辛，想一想，真正的红军长征是多么伟大、多么艰辛啊！我开始对长征有点儿体会了。

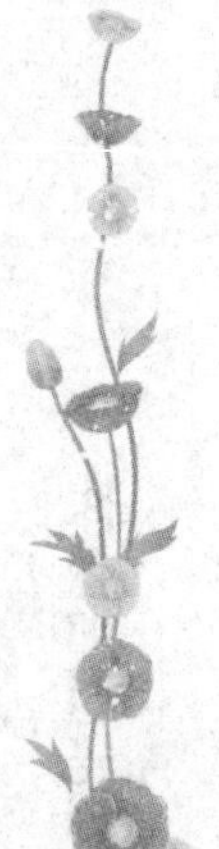

当工作日遇见节假日

林海蓝

“啦啦啦，啦啦啦。”节假日手提花包，身披花袄，把MP3往耳朵一塞，悠闲地散着步。

工作日正巧走过，生气地对节假日破口大骂道：“有钱就了不起吗？神气个什么啊！”

节假日一愣，马上回转头，哼了一句：“对啊，我不仅有钱，还是大家都喜欢的‘宠儿’呢！”

接着，节假日打开花皮包，拎出一台笔记本电脑，不知打了什么字，一个灰头土脸的女孩儿出现在工作日的面前——她叹了一口气，说：“什么时候到节假日呢？工作的日子真无聊！作业一大堆，还让不让人活了？”

待关机完毕后，节假日得意扬扬地说：“看到了吧？你们工作日是多么无趣，不像我……”

刚说完，他不知又从哪里搬来一台小型电视机，按下开关，一幅孩子们在欢快玩耍的景象出现在工作日面前。

“你……”工作日气急败坏，“如果天天都是节假日，人们不学习，什么都不会！”

接着，工作日也转身从身后的破铁车上抬起一台老式黑白电视机，点击播放：“一加一等于多少呢？”

“等于几呢？”

画面里，两个人托着下巴互相问对方。

“整天沉浸在欢乐中的节假日，不想学习，现在连一加一都不知等于多少了呢！”工作日讥讽道。看完后，工作日把电视机往后一扔，对气得满脸通红的节假日哼了一声。

我走上来，对他们说：“每个人既要学习，又要玩，总是学习，那么生活就会枯燥乏味；整天玩乐，就会愚笨到家！”

两人点了点头，各自走各自的去喽。

悲情林冲

狄文杰

历史长河滔滔而来，又滚滚而去，无论现在如何惊天动地，来日不过是一朵小浪花。而能够真正掀起大风大浪且是英雄的人物的，则少而又少。豹子头林冲，正是这样的一个人。

林冲，生于东京，自幼习武，使得一手丈八蛇矛，并有自创的看门枪法。当上东京八十万禁军的枪棒教头后，他训练的禁军，个个都是好身手。

当时皇帝只爱踢球，不管天下事。于是，奸人高俅当道，迫害林冲。林冲被刺配后，又多次为高俅所害，最后被逼上梁山。

总的来说，林冲是个很能忍的人。他先被同僚陆谦出卖，他忍了；又受高俅迫害，死里逃生，他忍了；在刺配途中，被董超、薛霸百般折磨，差点儿命丧野猪林，他也忍了；后来遇到了对他十分尊重的小旋风柴进，却又忍着柴进庄上的洪教头的羞辱。最后，林冲被安排去看草厅。但是，陆谦、富安得寸进尺，一把大火烧了草厅，想使林冲葬身火海。终于，林冲忍无可忍，不再逆来顺受，几枪刺杀了陆谦、富安等，在漫漫雪夜里被逼上了梁山，落草为寇，又写下了“他年若得志，我镇泰山东”的诗句来嗟叹自己的悲惨命运。

林冲有智慧，要不早被高俅成功算计；林冲也有武力，要不怎成为教头和五虎将之一？他更有耐力，要不怎会一忍再忍，经受住了多次迫害？

林冲是一个有血有肉、有情有义的人。他忠厚老实，武艺高强、临危不惧，但是却善良隐忍。

林冲，一个悲壮英雄！

十里画卷漓江行

这次在月亮山附近，我亲眼见到了榕树的美。那是一棵千年古树，根深，叶茂，像一把绿色的大伞，真是一棵树一片林，让人情不自禁感叹大自然的神奇。

勇闯绿魔岛

杨　霖

天空阴沉沉的，如同打翻了的墨汁。狂风像一个恶魔，发出可怕的怒吼。小豆子的船在海上颠簸着，他要去救弟弟阿布。

透过薄雾，小豆子隐约看见了一座岛屿。他奋力向前划去。近了，“真的是绿魔岛！”他泊好了船，飞快地向绿魔宫奔去。绿魔宫有森严的守卫。怎么进去呢？小豆子围着宫墙转了一会儿。突然一扇不起眼的小窗映入他的眼帘，他扒开窗钻了进去。

走了一会儿，前面隐隐约约有一丝光亮，小豆子加快了步伐……就在这时，一个声音响了起来：“你终于来了。”小豆子心里惊，这是绿魔王的声音，此时绿魔王正坐在王位上，一双恶狼般的眼睛直盯着小豆子。“可恶的魔王，我的弟弟呢？”小豆子叫道。“啪啪——”绿魔王拍了拍手，接着，被裹得严严实实的阿布被带了上来。“阿布！”见到弟弟还活着，小豆子悬着的心放了下亲。“放了阿布。”小豆子厉声喝道。“我可以放了他，但是你必须替他接受死亡。哈哈……”绿魔王可怕的笑声中充满了邪恶和贪婪。小豆子心头一震，为了阿布，就算自己死了也值得。

小豆子抬头挺胸，迈着坚定的步子，向毒水池走去。绿魔王看小豆子如此从容，视死如归，眼睛里多了一份惊愕。三步，两步……他

毫不畏惧，毫不后悔——只要阿布平安幸福。当小豆子正要迈出最后的一步时，魔王以飞快的速度，冲过来阻止了小豆子：“你真勇敢！你让我明白了比权力更重要的东西，那就是亲情，那就是爱！你和阿布走吧！”

原来，爱的力量能使世界变得美好！

礼　物

姚燕燕

坐在窗口，一抬头，一轮金黄的圆月正望着我，偶尔有几颗星星在夜幕中眨着眼睛，仿佛一伸手就可以触摸到。“黑黑的天空低垂，亮亮的繁星相随，冷风吹，冷风吹，只要有你陪……”《虫儿飞》那伤情的歌声从遥远的地方袅袅地飘来。心中不禁一酸，一滴冰冷的泪滴落在手背上，我的手轻轻抖了一下。望着远方，那在深深的、一眼望不到边的地方，我深爱的外婆正慈祥地凝望着我。

一条幽深的小石子路，路边飘来淡淡泥土清香，一个声音在告诉我，前方有人家。我的心不再紧缩，让凹凸不平的石子任意摩挲我的脚，一种熟悉而温暖的感觉渐渐清晰起来。远处，点点火光如繁星闪烁，我悄悄走上前去，眼睛深深地望进去。一个老婆婆正抱着一个小姑娘，仰望漆黑的夜空。我上前一步，啊，原来那位老婆婆是我慈祥的外婆，坐在她腿上的便是儿时的我啊！

那个小小的我正好奇地望着夜空，眨巴着一双大眼睛，用手指指着那几颗星星，疑惑地问："外婆，那是什么？一闪一闪亮亮的，真漂亮。"外婆用粗糙、厚实的手掌抚摸着我的头，悠悠地说："那颗颗闪亮的星星就是我们祖辈温柔如水的眼睛，他们会永远在离你最近的地方，守望着你，保护着你。"我听了，嘴角微微上扬，六岁的我听不懂这其中的深意，却也笑了。我外婆给我讲着美丽又动听的故事，月亮洒下柔柔的清辉，我枕在外婆的臂弯悄悄地熟睡了，只有悠悠的故事仍萦绕在耳畔。

阴云遮掩了星辉，遮掩了月光，我的眼睛里盛满的泪，热热的，然后肆意流淌在我的脸颊。在泪光中幻出外婆的面容。"滴答"，雨点落在了地上，是上天读懂了我的心思吗?

雨轻轻地落下来，而我也会把这份珍贵的回忆埋藏于心底，埋藏在每个想念外婆的夜晚，直到永远，永远

因为，那是我生命中最最珍贵的礼物。

我的讲话病毒

汪语诗

我很爱讲话，所以，"讲话"这个超级大病毒已经在我的心里扎根了。唉，我只要十分钟不说话，肚子就憋得难受，这个毛病也给我惹了许多麻烦。

语文课上，我的讲话病毒发作了。那天，老师正在讲一道很重要的题，而我却一个字也没听，兴高采烈地和同桌聊起天来。谁知，老

师把我叫了起来，问："你说，我刚才讲什么了？"糟了，我心里暗暗想，怎么办，刚才没听课。我胆战心惊地站起来，支吾了老半天，一个字也说不出来。老师严厉地说："把这道题抄三遍。"唉，这讲话病毒害死我啦。

那天去上英语课，我很幸运地被选到成都参加英语比赛。我飞快地把卷子做完，一看，才过了十分钟。我闲着没事，检查起了卷子。呀，糟了，我的超级病毒又发作了，我忍我忍我忍忍忍，实在憋不住了。我压低嗓门小心翼翼地和同桌聊起天来，谁知，被监考老师发现了（以为我作弊），怒气冲冲地走过来，在我的卷子上画了一个大大的鸭蛋。冤枉啊，我拼命地解释，可没人理我。没办法，我只能带着遗憾和委屈回家去了。唉，这个可恶的讲话病毒让我的英语比赛也泡汤了，气死我啦。

几天之后，我去学奥数，谁知老师定了新规矩，上课不能讲一句废话，否则就罚做五十道奥数题，错一道就再把那道题抄十遍。天啊，这可真打到我脑门子上了，不说话，那可比不吃饭还难啊。才上课五分，我就有点儿控制不住了，可我的心里只有一个念头：憋、憋、憋。糟了，我又有点儿憋不住了，我计上心头，假装拴鞋带，躬下身子，自言自语了几句。可我的同桌却把我讲话的事告诉给了老师，唉，谁让我俩是一对冤家呢。这次，终于让他找到机会了。可苦了我了，五十道奥数题，错了还得抄十遍。我的天啊，这对我来说可是个天文数字啊，悲哀悲哀真悲哀。

最郁闷的是这个讲话病毒还在飞快地繁殖着，我无能为力，阻止不了。不过，为了迎接美好新生活，我痛下决心——杀掉病毒！

我左思右想，制定了许多方案。A方案：随时抱一本书，想讲话前五分钟就开始看书，看得入迷了就自然就忘记讲话了。B方案：睡觉，想讲话时就闭上眼睛，假寐也可以。C方案：想讲话时就使劲儿憋，不行时就击打课桌或书本。D方案：喝辣椒水，感觉辣就不能说话了。

A方案失败了，因为不可能走到哪都抱着书啊，况且走路不能看书，上课也不能。B方案也失败，没有睡意怎么也睡不着，假寐对抗不过讲话病毒。C方案更不行，上课的时候我怎么敢如此暴力地对待我的桌子呢，再说啦，我的小拳头也对抗不过木头桌子啊。D方案更不现实，我一喝辣椒水就很兴奋，虽然不说话了，可很难受。

唉，这个病毒不能清除了，怎么办啊。谁能来救救我，给我点儿强效又让我好受的“抗毒剂”啊。

我班的“标点符号”

林诗文

如果把我们班比作一篇精彩的文章，那么有的同学就是文章中不可缺少的“标点符号”。

肖琳当然是不折不扣的“省略号”。不管是上午还是下午，她都会抽点儿时间来看课外书，书包里几乎装满了课外书。她知道的故事很多，讲的故事也非常有趣，每次讲故事，讲到关键时刻，她就停了下来，卖关子道：“欲知后事如何，请听下回分解！”总是在精彩处吊我们胃口的她成了大家的“开心果”。

要是说认真负责的“句号”，非陈华龙莫属啦！因为他做事有始有终，每次老师叫他发作业，他不像别人一样随便乱扔，而是认认真真、有始有终地把作业发给同学。收作业时，如果有同学不交，他就会紧紧“跟踪”，或督促或指导对方，直到把作业收齐为止。我们都很喜欢有责任感、做事认真负责的他。

如果有人问我们班的“感叹号”是谁，同学们肯定会异口同声地回答：“曾玉容。”她很有礼貌，对谁都会热情地打招呼。她的歌唱得非常好，还获得了校园歌手大赛一等奖呢。她的演讲、朗诵也不赖，只要有这类型活动，学校肯定让她参加。她的舞跳得特别棒，婀娜多姿，迷人极了，校内文艺演出的舞台上，同样能找到她的倩影。大家可能会有疑问，她什么都会，那学习成绩会不会很一般呀？嘿，那你就错了。她的成绩经常站在“9字头”上，学科竞赛也多次拿到名次呢。

你们想知道最爱问题的人是谁吗？告诉你吧，是我班的蒋锐同学。每次有难题出现，他都会第一个解答出来，如果实在不懂的话，他就会问到懂为止。他很爱思考，懂的知识也很多，成绩非常优秀。

这就是我们班的“标点符号”，因为他们，我们班显得更出色了！

挖呀挖呀挖野菜

潘思恩

今天风和日丽，妈妈和外婆带着我一起去挖野菜。

一路上，我们谈笑风生，小狗柔柔好像也特别兴奋，不停地摇摆它的尾巴，紧紧地跟随在我们左右。乡村的风光真好，空气非常新鲜。外婆一路跟我解释：这是已经长出来的麦苗，这是豌豆苗……不一会儿，我们就来到了目的地——一个超大的鱼塘边。鱼塘的岸堤上长了许多蚕豆苗，外婆告诉我，不久这里将飘满蚕豆花的香味。可其他地方光秃秃的，没见地上长有多少植物呀，哪儿来的野菜呢？

正纳闷着，外婆和妈妈却已经忙开了。只见外婆用手轻轻地掰开蚕豆叶，不停地挖掘。咦，莫非野菜长在蚕豆叶下面？我飞快地跑过去要看个究竟。外婆举起手里的植物说："喏，它们就长在蚕豆下面，不过有的也长在显眼的地方，你要认真找才行。"

我也拿起镰刀，学着外婆的样子，在蚕豆叶下依葫芦画瓢地找了起来。"笑笑，你认识野菜吗？"妈妈一语惊醒了我。"对呀，野菜长什么样啊？虽然吃过好多回，但都没有好好看过。"于是，妈妈拿过来几棵野菜作样本。这回呀，我仔细看了个明白：原来，野菜的茎很长，深深地埋在泥土里，叶子呈齿状，开的花是白色的，不过开花的野菜可不能要了，因为已经老了。

认识了野菜，我就起劲儿地干了起来。哎呀，怎么那么难找啊！我走了几米远，都没看见一棵。"耐心点儿，旁边的杂草很多，要细细地看。"外婆好像看出了我的心情。我静下心来，仔仔细细地看了起来。哈哈，被我找到了一棵！我像发现了新大陆似的，欣喜若狂地把自己挖到的第一棵野菜放到了篮子里。

尝到甜头的我继续搜寻、挖掘。每挖到一棵就欢呼着，与柔柔一起庆祝。妈妈和外婆看我这么高兴，都笑了。

有时，我和妈妈也会犯糊涂，把长相相似的草当成野菜一起挖了，都被外婆挑出来了。

我们挖了一个多小时，提着满满一篮子野菜回去了。到家后，外婆择菜、洗菜，把菜和肉剁碎后，包馄饨吃。啊，新鲜的馅儿吃到嘴里的感觉就是不一样，特别美味。

我的天使妈妈

韦小萌

我的妈妈是一名护士，是一名白衣天使。在我心目中妈妈是一位最美丽的天使，她不仅医技精湛而且对病人体贴入微、处事从容不惊。

记得有一天爸爸不在家，我和妈妈正在吃晚饭，医院来电话让她去协助治疗。妈妈放下电话二话不说带着我急忙赶到医院。刚进大门就听见吵闹声夹杂着孩子的哭闹声，输液室门口很多人围观。家属指着一位护士阿姨大骂。妈妈急忙换上工作服，来到病床前还未开口，家属就情绪激动地冲上前来理论，妈妈安抚家长先坐下来平稳情绪，了解事情缘由。原来由于小孩儿因腹泻多次致失水过多加上小孩儿哭闹极度不配合，导致护士阿姨多次静脉穿刺不成功，无法及时用药。妈妈了解完缘由后面带微笑，俯下身子一边用手摸了摸小孩儿的头，一边从容不迫地从口袋里掏出一样东西递给小朋友说："你看，这是啥？"我一看原来是我的动画片"光头强"贴纸。小孩一看见"光头强"立刻破涕为笑，安静下来。妈妈趁小朋友注意力转移的间歇，快速找静脉、消毒、穿刺一气呵成。家长连连致谢，围观的人都用赞许的目光注视着妈妈。妈妈长长地吁了一口气，露出舒心的笑容。

妈妈不光对病人细心体贴，对我更是关爱有加。我在幼儿园时由

于感冒发烧抽搐。在去医院的途中，妈妈为了避免我因抽痉而咬破舌头，竟把自己的手指伸进我的口中支撑到医院。等我醒来，妈妈的手指留下了一道深深的牙印，渗着殷红的鲜血。十指连心那该多痛啊！我顿时热泪盈眶。妈妈却故作轻松地忙前忙后。直到现在每每看到那个疤痕总不免有一股暖流涌进心头。

这就是我的妈妈，一位只知付出不求回报的天使妈妈。她虽然没有天使般的面庞，却有一颗像天使一样善良友爱的心灵。带着一对装满爱心的翅膀将关爱和体贴洒向每个人。

爸爸变身

张肖肖

我一直以为我的爸爸是严肃的，一板一眼的，总之，他对我的好，从来都不是温柔的，直到那一次，永远地改变的我的看法。

那是一个深秋的夜晚，窗外是瓢泼的大雨，呼啸的狂风。我原本睡着了，但却莫名其妙地醒了，只觉得口干舌燥，头晕脑胀，全身的骨头都在疼，我很难受，眼泪不受控制地跑出眼眶。但我却不敢叫爸爸，因为爸爸从小就对我很严厉，而妈妈又不在家。

我躺在床上辗转反侧，渐渐地哭出了声音，我听到了细碎的脚步声，有人推开了门，我知道是爸爸，这时候，我再也没忍住："爸爸，我好难受，身上好疼，我睡不着！"我哭着，像个小娃娃一样，向爸爸伸出了手臂，我想爸爸抱抱我，哄哄我，我太难受了。

爸爸大跨步的走到我的床前，将我一把抱了起来，将手放在了我的额头上，爸爸的手凉凉的，放在我滚烫的额头上，很舒服。

爸爸抱着我去吃了药，然后将我放回了被窝里，轻声地哄着我睡，我从来不知道爸爸的声音也可以那么温柔。伴随着爸爸的轻声低语我渐渐地沉入了梦乡。但我睡得依旧不安稳，从骨头里渗出来的疼痛折磨着我，还有身上一直没有褪下去的高热。半梦半醒间，我感觉到额头的一片冰凉，真舒服。睁开眼，我看到了爸爸的背影，他正在拧毛巾，然后折叠成长方形，转过身的时候看到我醒着，就问："还难受吗？"我摇了摇头，他便接着说："那就睡吧。"我闭上了眼睛，即使身上依旧不舒服，但却觉得无比安心。我知道爸爸一晚上都在不停地给我换着额头上的毛巾，因为即使睡着了，我也能感觉到额头上的凉爽。

再次醒来的时候我已经在医院里了，爸爸抱着我坐在医院走廊里打吊针，他靠着椅背睡着了，双眉紧锁，满脸的疲态，但双臂却依旧紧紧地抱着我。我心里酸酸的，为爸爸的疲惫，也为以往自己对爸爸的埋怨，我往爸爸的怀里又钻了钻，就继续睡着了。

后来，我的病好了，爸爸又恢复了往常的样子，严肃的，一板一眼的，轻易不对我笑，但我总能轻易想起那一晚变身的爸爸，那样温柔，那样耐心……

彩 虹 桥

刘丽丽

那天，大风赶走了笼罩着整座大山的雾，似乎想把我手中那把锈迹斑斑的雨伞吹走。雨越下越大，越下越猛，风也越来越狂。空气还很湿润，脚下布满了一个个深浅的坑洼想让我失去唯一的依靠。我使劲儿抓着那唯一不一样，而又坚韧脚印，就像紧紧抓住那根救命稻草似的。

空气中夹杂着轻微的声音，还掺和着清凉，愈合了我内心的担忧。时间像是和我作对一样，流逝得很慢，就像一头老骆驼在干憋褶皱的沙漠中无力地牵引着。我加快了步伐向前走去，声音越来越大，步伐也越来越快，我心中产生了一种无力感，就在我想放弃这无用的挣扎时，突然眼前呈现了一片明亮，又或者是老天爷怜悯我这个幼小又孤寂的心灵。风停了，雨也小了，云朵也弃暗投明了，恢复了往日的洁白。

我赶紧追上他们。不久我听到了哥哥姐姐的声音，我很高兴。终于我赶上他们的步伐，挤在了他们的中间，一路嬉戏着向山顶走去。在山的那边有红橙黄绿靛蓝紫七种颜色构成的这世间最美丽的事物。那里很宽广，脚下的嫩草有一指高，脚一踩就凹下去了，还散发着微微的青草香味。到山顶后，我把牛牵到一边，然后自己一个人玩。我的后背被调皮的露水打湿了，我继续享受着大地给予我的惬意的生活。不一会儿啊，七彩虹桥也逐渐变得虚幻，最终消失不见，自从那天以后我又多了一个朝思暮想的对象。

时光飞逝，流水无情，天上的云彩就像一张未完成的素描，正在被画家小心翼翼地一点点涂成灰色，忽然，一道亮光冲破了黑暗的囚笼，发出一声怒吼响彻云霄，紧接着天空中飘起了无名的雨……

月儿弯弯

彭文全

弯弯的月儿，恰似岁月的书签，夹在童年的那一章，发出淡淡的清香。

童年的月儿，总是弯弯地挂在树梢上。淡淡的鹅黄色，发出幽幽的朦胧的光，映衬着月光下我们欢乐的脸。一群“同居长千里，两小无嫌猜”的伙伴们，在黑夜的掩护下，在月儿的溺爱下，溜进了我家的院子，偷偷地聚在那棵挂满石榴的大树下。白天，这里是妈妈管辖的禁地；夜晚，却是我们的天堂！

看哪！一溜儿赤脚光头的小男孩儿“哧溜、哧溜”地向上爬，眼睛亮亮的，盯着树上半青不熟的石榴，那敏捷的身手和馋嘴的模样，真像花果山的刁猴。

我总是第一个爬上树，随手摘一个石榴，在衣服上蹭两下就吃起来。那种酸酸甜甜的滋味，真让人馋哪。大伙都盘坐在树下，左手一个，右手一个地往嘴里送，不时发出窃窃的笑声，那笑声充满得意、满足。突然，屋子里有人咳嗽了一声，伙伴们立即住了嘴，慌张地盯着屋里，最胆小的还做好了逃跑的姿势。一会儿，什么声音也没有了。不知谁“扑哧”一声先笑了，大家也都跟着捂着嘴笑起来。摇摇晃晃的树影下，一张张欢笑的脸，都藏进了你的记忆里。是吗，月儿？

童年的月儿总是挂在树梢上，笑盈盈地对着我笑，我动它也动，我走它也走。月儿，你是否也已经把这一片笑声留在了心里？

哦，弯弯的月儿，你把我童年的一切都留住了吗？不然，怎么每次望着你，我都会泪光盈盈地想起我的童年！

十里画卷漓江行

张赫宣

“小小竹排江中游，巍巍青山两岸走……”这是一首大家耳熟能详的老歌，漓江之行让我深感自己真的走入了这歌曲的旋律之中。乘坐竹筏荡漾在漓江之上，漓江的水真清啊，都可以看到十几米深处的江底柔软飘摇的水草。我忍不住把小脚丫伸进水里，哈！水草温柔地“抚摸”我的小脚丫了，真痒！漓江的水真静啊，竹筏就像在一块绿翡翠上滑行，只微微留下一串的白色印记。

漓江两岸是座座青山。漓江的山与北方的山大不相同，没有北方山峰的峭拔险峻，倒多了几分秀气。山上都是郁郁葱葱的树木，绿绿的山倒映在绿绿的水里，天空显得更蓝了。蓝天、青山、碧水，徐徐展开了一幅色彩明丽的画卷，让你心胸为之一舒。

竹筏滑行了一会儿，我们来到了九马画山。这座山上，深浅不一的石壁组成了九匹马的图案。据说，当年我国领导人来到这里，很轻易就看出了九匹马，而美国前总统来到这里，看了半天，却只看清了三匹。于是当地有了这样的说法：如果你能看出五匹马以上，你就适合在国内发展，相反，眼拙看不出呢，那就走出国门闯天下。哈哈，我看出了六匹，可以一直留在祖国哦!

上岸了，这一站叫作月亮山。好美的名字。月亮山一游，你就不得不感叹大自然的鬼斧神工！一座山上，突出来一块拱桥形的岩石，圆满地形成了白天的“月亮”，更神奇的是，从不同的角度看，月亮的形态也不尽相同，有满月，有新月，还有上弦月和下弦月呢！这样的月亮山已经叫人称奇不已，而“月亮”里还有一棵桂树，暗合桂林之意，又能让人想起月宫嫦娥、吴刚伐桂这些美好的传说，更给月亮山平添几分神秘。

南国的树也与我们北方大不相同。在巴金爷爷的《鸟的天堂》一文中，我初步领略了榕树独木成林的风范，这次在月亮山附近，我亲眼见到了榕树的美。那是一棵千年古树，根深，叶茂，像一把绿色的大伞，真是一棵树一片林，让人情不自禁感叹大自然的神奇。

桂林山水，当之无愧的“甲天下”！

陪妈妈去献血

张雨扬

妈妈是一名护士，经常会在家里说起工作上遇到的人和事。每当说起那些遇到困难的家庭，妈妈的脸上总会掠过一丝忧虑……

一天中午，妈妈一进家门，就急匆匆地说："中心血库O型血告急，我今天要去献血。杨杨，吃过饭跟我一起去吧！"吃过午饭，我带着一丝疑虑和恐惧，第一次踏进了献血车。

车上有四名采血医护人员，她们个个面带微笑，看到我和妈妈走进车子，立刻送上亲切的问候，我先前的担心一下子减少了许多。我开始"探索"起这个特殊的空间：并不很大的车厢被分成了内外两间，虽布置得满满当当，却也井然有序——五六张小巧舒适的座椅，五张同样小巧简单的工作台，一台自动饮水机，饮水机旁放着几袋优质奶粉和一大摞卫生纸杯，其中一张工作台上整齐地摆放着一些必备的化验和抽血设备，车厢最后的架子上是供献血者自由选择的几种纪念品，上面写着"无偿献血、奉献爱心、献血光荣"等字样。车子的每一个角落，无不被"爱心"包围。四名身着白色工作服的医护人员穿行其中，并不时跟前来献血的志愿者热情地打招呼，唠家常。此时我的感觉是：这好像不是与疾病密切相关的场所，而是一个温馨的家。

终于轮到妈妈献血了。登记、量血压、抽血、验血型、等化验结果、正式抽血，这便是献血的全过程，医护人员熟练而又一丝不苟地操作着。在等待期间，一名工作人员把一杯牛奶热情地送到妈妈面前，乳白色的牛奶、白色的工作间、洁白的工作服，顿时融为一体，一种圣洁的感觉悄然涌上我的心头。看到妈妈的脸上洋溢着笑容，我心里的担心也荡然无存了。当妈妈把那杯牛奶喝完时，验血结果也出来了，按照医生的吩咐我们又到了另一张工作台前，最关键的步骤——抽血开始了。

暗红色的血液顺着输液管快速地流入了储血袋。为了缓解献血者略显紧张的心情，分散注意力，就在那短暂的两分钟内，细心的护士还不失时机地向我们宣传献血的好处。一位稍年长些的护士打趣道："一看来献血的人，我就能猜到他的血型，一猜一个准。"说完还得意地扬了扬眉毛。

"吹牛吧！"旁边的一位护士立即予以"回击"，"那你岂不是快赶上算命先生了？"

"哈哈哈……"笑声充满了整个车厢。

这时，我终于忍不住走到一位正在忙着整理工具的护士面前，说："阿姨，我也想献血。"只见她放下手里的活儿，转过身来，又摸了摸我的头，微笑着对我说："小朋友，你真有爱心，真勇敢，真是一个好孩子！阿姨代表所有的医护人员感谢你！可是，你现在年纪还小，不适合献血，等你长大了再来吧！"

这时，车厢里响起了一阵热烈的掌声……就在这一刻，我不再对献血心存疑虑和恐惧。长大了，我也要像妈妈一样，做一名献血倡议者和志愿者。

您是彼岸的树

柳冉冉

天空下着暴雨，闪电骤然出现在眼前，轰轰的雷鸣声震耳欲聋。回家的路上，已经是晚上十一点了，我斜靠在座椅上，闭上眼睛装睡，父亲对后座的我说："睡吧，睡着了到家时我把你抱回去。"

"嗯。"其实，我根本就睡不着，因为害怕打雷还有想偷懒，于是装睡。

车停在了楼梯口，车上没有伞，爸爸用他的衣服裹上我，冒雨把我从车上抱下来，全然不顾自己，在雨中奔走。雷霆霹雳，在高空咆哮着，雨哗哗地在耳畔下着，我感受着父亲怀中的温暖、安全。

"哗哗——哗哗——"雨仍然不留情地下着，倾盆的大雨为什么没有被感动呢？我小小的心里却满是温暖，像糖一般甜，完全没有被雨水冲刷，没有被冰凉的空气覆盖。

听到钥匙扭转的声音，我知道家到了。从楼梯口到家门口，这短短的一条路，似乎很漫长。也许，这条路，就是通往彼岸的路。

来到彼岸，我却仍记得曾经在父亲树荫下躲着的懒小孩儿，从树荫下走出，才明白风霜雨雪都是我应该要经历的。尽管现在长大了，这些也都会经历，但曾经的温暖与感动却从未被冲淡。树荫下，我仍是个懒孩子，不愿经历风吹雨打，独立时，温暖却仍在我心中，即使彼岸荆棘丛生，会有无数困难坎坷，可是，我亲爱的父亲啊，我又怎能忘记：您是我在彼岸的树，等待着船儿的归航，岿然不动……

机器人妈妈

张静怡

放假了，妈妈给我报了许多兴趣班，我心里那个郁闷啊！听，妈妈正在客厅里不停地絮叨我呢。天啊，快来个奇迹救救我，别让妈妈叨叨了。

忽然，窗台上落下个漂亮的荷花小仙子，她眨着眼睛递给我一朵荷花，笑着说："我来帮你吧！每一片荷花瓣都能完成你的一个心愿，请珍惜，小心使用。"说完带着一股清香飞走了。

我惊讶地大张着嘴巴，揉揉眼睛，将信将疑地摘下一片花瓣，嘴里念着："把我妈妈变成机器人吧，别让她再叨叨了。""当"一声，客厅里的妈妈好像真的变成了机器人。我走过去拉拉她的手，"主人，有事请吩咐。"妈妈机械地说道，吓了我一跳，没错，是钢铁的，真的是机器人。

我一个筋斗翻到沙发上，哈哈大笑，太爽了！我找出所有的被禁封的零食和饮料，打开电视，躺在沙发上，准备开吃。机器人过来了，"禁食垃圾食品，禁食垃圾食品。"它把所有好吃的全部收走，扔到了垃圾桶里。我气得"哇哇"大叫。

好不容易到了中午，我吩咐机器人给我做红烧排骨去，只听它不停地嘟囔：“没吃过，不会做；没吃过，不会做。”我的脑袋都快被它气炸了，最后忍痛拿出一片花瓣，变出了丰盛的午餐，狼吞虎咽地吃起来。

可能吃得太多，不一会儿，我就开始肚子疼。躺在沙发上大叫：“妈妈，妈妈，我肚子疼，你快来啊！”机器人过来了，晃着钢铁脑袋，神一样地念着：“肚子疼，没办法；肚子疼，没办法。”连疼带恨，我咬牙切齿地拿出一片荷花瓣，许愿赶快别让我肚子疼了。谢天谢地，不疼了。

正在这时，爸爸回来了。我急忙把妈妈变成机器人这件事告诉他。爸爸高兴地大笑：“太好了，可以随便抽烟玩游戏了，当神仙喽。”说着他就大摇大摆地点燃了一支烟。刚吸一口，机器人晃过来，一把抢走烟，说：“禁止吸烟，禁止吸烟。”爸爸夺过烟又去厨房，机器人跟到厨房，“禁止吸烟，禁止吸烟。”爸爸藏到阳台，机器人追到阳台，“禁止吸烟，禁止吸烟。”爸爸捂着耳朵冲我大喊：“快把你妈变回来，快，你妈允许阳台上抽烟的，它可比你妈狠多了！”

说实话，一天下来我也想妈妈了。虽然她唠叨霸道，可她爱我们，无微不至地照顾我们。我毫不犹豫地拿出一片花瓣，把机器人变回了妈妈。

“张静怡，写作业去，写完作业练吉他去。”“哎，你怎么回事，到阳台抽去，关门。”听，刚变回来的妈妈又开始唠叨了……

苹果偶遇记

马思琪

在餐桌上，放着一只果盘。盘中有一只特别显眼的苹果，绿得发亮。这天，小主人踢足球回来，口渴极了，看见这只苹果，拿起来张嘴就咬。呀，太酸啦！他随手往窗外一扔，就又去踢球了。

苹果疼得“呜呜”直叫，伤心地滚啊滚啊，滚到了一棵树下。他看见一只小鸟正站在枝头唱着悲伤的歌。苹果不解地看着小鸟，问：“难道你也遇到了不开心的事？”小鸟长长地叹了一口气，说：“我家本来在绿色的森林里。我和我的兄弟姐妹一起生活在温暖安逸的家里。那里温暖又明亮，无论刮风还是下雨，我们都不怕。家里经常传出愉快的笑声。可是，好景不长。人们为了建房子，把大片大片的森林给毁了。我的家搬了一次又一次，现在我和我的亲人失散了。我只好独自在这里流浪。呜……”说完，小鸟伤心地大哭起来。苹果也很难过，但是他帮不上什么忙，只好随着风继续向前滚。

苹果滚到了小河边，看见一只螃蟹在岸边爬来爬去，愁眉苦脸的。苹果奇怪地问：“螃蟹大哥，你怎么了？有什么不开心的事情吗？”螃蟹一看是苹果，就向他诉起苦来：“我们的小河本来清澈见底，我们在里面自由自在地生活。可是，小河对面不知什么时候办了一个化工厂。他们每天往小河里排放大量的污水。小河现在变得又臭又脏。你看……”苹果一看，小河上果然漂满了塑料袋，河水黑黑的，还不时散发着阵阵臭味。“我的很多兄弟姐妹都不明不白地死去了。”螃蟹抽噎着。苹果听了也流下了同情的泪水。

就这样，苹果滚到哪里，都会听到不开心的事情，他听到了很多以前从不知晓的事情，也见到了很多以前没见过的东西。

终于有一天，苹果的全身都烂了，滚到了一个坑里，再也没力气往前滚了。一年又一年过去了，这个坑里慢慢长出了一棵苹果树。粗壮有力的枝干，翠绿欲滴的树叶。小鸟来枝头筑巢，小朋友们到树下乘凉。苹果树结出了又大又甜的苹果，微风吹过，苹果在树上对人们点头微笑。谁也不知道他们的祖先曾经走过多少路，谁也不知道他们的祖先曾经知道多少事情。只有那些小鸟还在寻找自己的家园，只有那些河里的小鱼还在寻找自己以后生活的水源。

三“顾”《怪兽大师》

李子坳

每周，我的书架上都有几位“新生”报到。久而久之，两个大书架都“大饱口福”，里面塞满了各种“食物”。渐渐地，我对这些看过的、熟知的各类文学作品有了“厌倦”之感，仿佛吃够了一种口味的糖果，总想再吃点儿“新鲜”的，为我的读书食欲开开胃口。后来一次偶然的机会，我从张小溪手里看到《怪物大师》这本书，我看书的胃口被彻底打开了。

一年来，我疯狂地购买这套书籍，全套几十本，我几乎看了个遍！终于，又有两本新的《怪物大师》出版了，我迫不及待地看起来……我连看了一个小时，被里面的故事情节深深吸引着，忘记了写作文这件事。妈妈一个劲儿地催我，我却若无其事，一声不吭，直到妈妈气得掀翻挡在她面前的椅子，大步流星地朝我走来，一把把我从沙发揪起，拖着我回到书房，逼我写作文。

第一“顾”：瞒天过海

刚写了个开头，我心里就开始不服气：凭什么不让我看书，哼，看我瞒天过海使妙招！

我边写边假装咳嗽，后来竟然真咳得厉害了，我偷偷笑了，喃喃自语：“嗯？怎么咳嗽起来了？喝点儿水吧！”妈妈没吱声，仍旧在电脑上工作。顿时，我停下去客厅的脚步，嗯——是时候停止表演了。我激动得把手高高举起，做出一个“胜利”的手势。太棒了！哈哈！我倒了点儿水，赶快把书藏进衣服里，悄悄走回书房。我把书放到桌子下面的抽屉里，得意扬扬地看了起来。哇！我的宝贝呀，终于能与你相伴了！

刚看了一会儿，我就被书中的情节吸引，忍不住一页页地往后翻。忽然，我听到电脑那屋移开椅子的声音，大事不好，妈妈要来啦！她肯定听见我稀里哗啦翻书的声音了！果不其然，妈妈生气地走进书房。我想把抽屉合上，不幸，书本没放平，卡住了！妈妈拿起我的作文本一看，才写了一句话，我立刻倒吸一口冷气，低头不语，暗暗等待狠批。但妈妈什么也没说，直接拿起《怪物大师》扔到了窗台上。我只好开始安心写作文。但我并不气馁，脑袋瓜一转，脸上便露出了诡异的笑容。嘿嘿，老妈，别得意，我看你这回还怎么看得出来！

第二“顾”：浑水摸鱼

我悄悄地走到窗台前，把书拿了过来，翻到我刚才看到的页码。噢！我可怜的宝贝呀，让你受委屈了！你看看，书皮都被妈妈磕破了个角。

这次，我把书放到了作文本下面，看三页写三行，妈妈没有发现。我暗自庆幸自己的手段高明。不知看了多久，我又忘记了写作文。随着“啪嗒、啪嗒”的脚步声，妈妈再次走进书房，发现窗台上的书不翼而飞了！嗯？书呢？妈妈眼珠子一转，看了看我，又看了看我的作文本，发现作文本突然“增厚”了！那一刻，整个世界似乎都停止了。坏了！妈妈不会看出来吧？不可能吧？上天保佑哇！转眼间，妈妈看出我脸上的“异常”，以光速伸出手，一把就抽走了我的作文本！书暴露在了妈妈的面前！她怒吼道：“李子坳，你到底想干吗？你再这样做小动作，立刻封杀你的课外书！”

哦，我的女皇老妈，你就不能可怜可怜你的宝贝儿子呀？不能让我一次看个够呀？你不知道被勾起的“馋虫”不解决有多么难受呀？可惜，这些话我一个字也吐不出口，只好眼睁睁地看着妈妈将我的《怪物大师》再次扔到窗台上！

第三“顾”：移花接木

此刻，我哪里还有心思写作文，我早已被“王子殿下的尊贵邀约”拽下了“深渊”，里面神秘人的惊人身份把我迷得心里直痒痒，恨不得一直看到大结局。

我吸取了上次被妈妈逮住的教训，把曾经看过的《怪物大师》弄得跟这本新书一样乱糟糟的，然后当成“替罪羊”放到了窗台上。我继续看起了我的新《怪物大师》，并且这回看一页折上一角，藏到抽屉里，然后写十行作文。这么个写法，妈妈不可能再看出来了吧？就这样，来来回回，我终于写完两页半的作文，开始大大方方地看我的《怪物大师》，而且妈妈没发现！哈哈，终于成功了！

到现在，我依旧是一个热爱读书的阳光男孩儿。无论什么书，只要对我的学习有帮助，对我的人生有启迪，我都喜欢去读。因为，读书让我对生活的理解能力得到提升，更让我的生活变得多姿多彩！

这事儿糗大了

夏　天

“喂，把书包上的……拿掉。”妈妈追出门大喊。今天我值日，要早到校，我吃完饭背起书包拔腿就走，妈妈的话根本听不清楚。反正没什么大不了的，每次上学爸妈总是千叮咛万嘱咐的。

连续几天阴雨天，今天终于放晴了。阳光暖暖地照着，风儿轻柔地抚摸着我的脸，油菜花开得黄灿灿的。河边柳树嫩绿的叶芽间爬着毛毛虫似的小穗穗，任凭风儿敲打就是不肯离去。

雨后的空气分外清新，香香的，甜甜的，我的心情倍儿爽。瞟了一眼苏果超市的时钟，离规定到校时间还早，我不禁放慢了脚步。“看看，那是什么哟，都上六年级了，难道还要带手帕？”“可能带的是抹布，擦桌子用的。”后面的同学七嘴八舌，或许在说别人，或许是点赞我刚买的书包款式新颖。我懒得管他们，快步跨进校门。

“嘿嘿……夏天，你的书包真漂亮。”邻班的米晨雨变得比往日客气，抢前一步跑到我前面诡谲一笑。

“呵呵，呵呵……”穿过校园，本班的几个高个子女生朝我笑嘻嘻的。我还真不习惯女生这么看我。可能是昨天数学考了个第一，人气旺了，她们都对我另眼相看了。学校就是这样，高分数就是尊贵的名片。

天气大好，又收获了这么多笑脸，真有点儿轻飘飘的。“咯咯，咯咯。”楼梯口邻班的漂亮女孩儿走过来，忘了叫什么来着。瞧她那样儿，笑得花枝乱颤，我真没拿正眼瞧她。听说女生就喜欢把自己最美的一面展示给我们男生看。那也不要笑成这样，太轻浮了。我当然不会喜欢这样的女生，赶紧跑开了。

又一群人冲着我指指点点。不会是前几天“校园艺术节”的精彩表演，给他们留下深刻印象了吧？那只是小菜一碟，要是拿出我的绝活儿，保准他们现在就会跑过来抢着向我要签名。

走进教室，早来了好多同学。我只顾着沾沾自喜，却把值日给忘了。“看什么看，没见过帅哥啊？”许多双眼睛齐刷刷地盯着我。我扯下书包，一条黑魆魆的东西滑落地上。捡起一看，一只昨天换下的袜子。

原来，人们异样的眼神都源于这只臭袜子啊。我还以为……脸上顿时红霞飞过，都怪我东西乱放，要不，这袜子怎么会跑到书包带上故意捉弄我？这事儿糗大了！

嚼牙大历险

顾小涵

呀，嘿，啊！我不知道自己在哪里，我的眼前一片黑暗，外面的世界是什么样子的呢，好奇的我用尽全身力气将沉沉压在身上的那块“巨石”挤开了。

天啊，没想到那个“巨石”竟然是我的哥哥，我是一颗嚼牙，我把哥哥挤掉了，我诞生了！“拜拜老哥！”我对哥哥说。哇！我环顾四周，火红火红的，这里就是小主人的嘴巴！咦，那儿有一个通道，黑极了，好恐怖！我拿出小镜子照了照，嘿，我真漂亮，洁白而结实，再看看我身旁的那些哥哥姐姐，摇摇晃晃的，好像马上就要脱落了！我自豪地挺起了胸脯，迫不及待地想开始自己的第一个工作。

终于，考验我的时刻到了，“门”——嘴唇打开了，光明顺着门射了进来，还有一阵阵凉凉的风，一个苹果缓缓地驶了进来，门牙大哥当机立断将苹果切了一小块下来，舌头姐姐当起了运送机，把苹果块送了过来。

轮到我出马啦！我配合楼下的兄弟姐妹一起工作，用力地嚼呀嚼，很快苹果块就被我们“粉碎”了，果泥顺着小主人的喉咙轻轻滑了下去……

有了这一次和苹果的作战经验，我信心十足，特别希望再有机会和食物较量。过了一会儿，我的希望来了，“门”再一次打开。可这次的对手实在不好对付，我旁边的姐姐告诉我，这是泡泡糖！这个家伙可真厉害，弹力十足又能屈能伸，哼哼，你这臭小子，这么高傲，看我的“霹雳粉碎嚼”！哇呀呀，累死我了，过了一会儿，小主人将这个家伙赶出了嘴巴。

我扫兴极了，连区区泡泡糖都对付不了，唉，郁闷。

可刚把这件扫兴的事忘掉，灾难就来临了！小主人天天都吃泡泡糖，还不爱刷牙，渐渐地，我的身体开始发臭，浑身疼痛。

小主人的妈妈知道后，把小主人狠狠地训了一顿，严厉地禁止他再偷吃泡泡糖。可是小主人屡教不改，还是天天吃。日久天长，我开始松动了，疼得几乎要掉下去了。

那天，是个不吉利的日子，小主人去上学。不知为什么，他和他们班的一个同学打架，那个同学是班里的打架大王，他凶神恶煞地抓起小主人，朝他的脸就是一拳。我被这冲击一震，更松了。

这天晚上，小主人在妈妈的逼迫下去刷牙了。他拼命刷我这里，牙龈磨松了，我也落了下去……

我落到了马桶里，丧失了生命。如果我还能再说一句话，我会对小主人说：“主人，你现在不爱惜牙齿，也许你的牙就用不到老了，请珍惜吧！”

渐渐地，我失去了意识，忧伤地闭上了双眼……

窃 读 记

雷佳音

这是一个阳光明媚的星期天，我做完作业，准备看书，妈妈正好经过，过来给我布置了两张试卷。我皱起眉头，朝妈妈的背影做了个鬼脸，闷闷不乐地走进书房，愤怒的眼睛里都能射出小李飞刀。

我埋头做着试卷，做着做着，遇到一个难题。我抬起头，眼睛开始到处瞄，一下就看到了放在桌角上的漫画书《樱花公主》，我想了起来，上一次，正当我看到最关键的时刻时，上课铃响了。

现在，它那诱人的封面又开始向我的大脑发出超强的诱惑电波，和我脑海中的诚实射线互相撞击。我是应该认真学习呢，还是偷偷地看一小会儿书呢？思想斗争越来越激烈……

终于，书的吸引力还是占了上风，我没能挡住它的诱惑电波，拿起《樱花公主》快速地藏到卷子底下，掀开卷子的一角，津津有味地读了起来。突然，我听到一阵脚步声，赶快把卷子盖到书上。

偷偷一看，虚惊一场，原来是风吹动窗帘的声音。我蹑手蹑脚走到门边，紧张地望了望正在看电视的爸爸妈妈……哈，太好了！他们还沉浸在美妙的剧情之中。确认“危机”还留在客厅后，我闪回座位，把漫画书从试卷底下抽出了一点点，越看越入迷，渐渐忘了我本来是在干什么的，完全融入到故事中去了。

嘴里还不停地念叨着："唉，佛罗埃真笨呀！""呀，樱花真美呀！""拉斯勒克斯，你真狡猾！"

突然，我觉得光线好像变暗了，一阵寒气扑面而来，我的心里上演了一场"男女混合双打"的好戏……

唉，窃读不可行也！我还是安安心心学习吧。

毕业班家长常见病例

刘湘宁

自从我们升入六年级以后，许多家长望子成龙、望女成凤，个个像生了病一样。

我——作为主治医师，决定为他们"诊治"一下。

病例一：分数敏感症，患病率99%。

症状：每每听说孩子班里又测试了，家长在评讲前几天就睡不着觉，吃不下饭，成天追问："你能考多少？和成绩好的同学对过答案了吗？错了多少？"待到试卷发下来了，若孩子考得不好，就开始苦口婆心了："你看看，这些题目你该错吗？瞧瞧，你都粗心成什么样子了……"

而后就是"竹笋炒肉丝"（鸡毛掸揍屁股），若孩子考得好，只是头部做轻微赞许，并冷冷地说："考得不是太好，要继续努力，别骄傲。"

处方：别以分数衡量孩子，别把分数当宝，孩子当草。只要把问

题弄懂了行了。

病例二：施加压力症。患病率95%。

症状：孩子刚进毕业班，赶紧托亲朋好友询问什么家教好，不到一个星期，语数外家教个个有。星期天老师布置的作业就够多的了，还买了《AB卷》《金三练》之类的试卷给孩子做，兴趣班也必不可少……

处方：孩子毕竟是孩子，不是学习机器，请给孩子留点儿玩的时间。

病例三：冷酷无情症。患病率97%。

症状：放学了，孩子在学校忙一天够累了，刚往沙发一坐，家长就不高兴了："还在这里磨蹭什么，还不快去做作业？做完再做几张《AB卷》……"听了这话，孩子只好去做作业了。孩子做作业时，家长也不闲着，一个劲儿地催，越催孩子越紧张，一紧张就容易出错，错了又得挨批评……

处方：家长这样做，其实只是为了孩子能考一个好学校，没有必要这么逼，应该微笑面对孩子，这样最好。

以上病例只是代表，其实还有很多症状，在此不一一列举。如果家长使用本"处方"效果不明显，请找主治医师——我，本医师将配强化药供您服用包您药到病除。

赤壁之战的N种意外

位于航

想必大家都知道《三国演义》里著名的“赤壁之战”吧。曹操因没有防备，以为周瑜真的投降，才吃了大亏。虽然周瑜赢了，但时光倒退，如果周瑜再用这个计谋去攻打曹操，以下这几种意外都足以让周瑜失败!

第一种：下雨。

当周瑜大军接近曹操的领地时，便让士兵将船点着，可就在计策即将成功之时，天空乌云一片，就在他们准备跳下水时，突然下起了暴雨，搞得周瑜措手不及，虽然周瑜是杰出的军事家，怎奈也有马失前蹄之时，平时倜傥的周瑜只能狼狈地泡在水里眼睁睁地看着船上的火一点一点灭了。而当曹操发现敌军的船上点起了火，才知道自己上当了，便派几千名神射手，划快船追杀周瑜他们，结果周瑜大军被乱箭射成了“刺猬”。真是人算不如天算啊!

第二种：船翻了。

众所周知，周瑜他们乘的是那种小快船，以那个时代的造船技术而言，不可能两全其美。如果速度很快，就不可能很安全，周瑜造船时只考虑速度而把最重要的安全忽略了，这样船就随时都有翻的可能。

当周瑜让士兵点上火以后，士兵们都争先恐后地跳入水中，这样就使本来就不太安全的小船更加摇晃了，东倒西歪，结果船翻了，周瑜他们成了“烧烤”。

第三种：浪把船打湿。

周瑜在驶向曹操的领地时，一路上，风和日丽，海上也风平浪静，只有船驶过时留下的一串串涟漪，周瑜站在船头，不禁得意扬扬：真是天助我也！正应了：天时，地利，人和也。正当周瑜得意之际，海上突然狂风大作，一个大浪向船打来，把船上引火的芦苇打湿了，硫黄和硫酸也都泡在了水里，周瑜顿时目瞪口呆，想回营地，可东南风很急，没办法，保命要紧，只好真投降了。唉，真是弄巧成拙……

第四种：黄盖算错了。

黄盖算错了，如果不是东南风，而是东风，周瑜他们把船点着了，可船却往东行驶。周瑜他们一看大事不妙，只好弃船逃命，好在周瑜旗下的将士们都熟悉水性，周瑜带着士兵逃回营地，刚进门就要对黄盖进行军法处置。再说曹操，他知道自己上当了，恼羞成怒，便派上千名精兵强将攻打周瑜营地。周瑜因为要对黄盖军法处置，而黄盖平日待士兵不薄，将士们都纷纷替黄盖求情，说黄盖能征善战，有谋有勇，立过无数战功，虽然今天失利，但功大于过，周瑜这边正闹得沸沸扬扬之时，曹操大军已经攻打进了营地，周瑜没有防备，被杀了个措手不及……

以上故事，纯属虚构。如有雷同，纯属巧合。

由此了可见，周瑜大军覆没不是没有可能的。

爱我，你就陪陪我吧

王佳琦

“嘀嗒，嘀嗒，嘀嗒……”家里如此寂静，陪伴我的只有那“嘀嗒，嘀嗒”的钟表声，除了做作业就是看电视，无聊又寂寞。爸爸，妈妈，爱我你们就多陪陪我吧!

假期的一个早晨，我一觉醒来，发现家里空荡荡的，一如既往地一片寂静，似乎连根针掉在地上都能听见。看了看四周，我无奈地笑了，这种感觉就像心灵被掏空了一样。随意地刷牙洗脸后，我心想：先做会儿作业吧，等爸爸妈妈回来就能吃饭了！想完便坐在椅子上，专心致志地写起作业来。依旧是“嘀嗒、嘀嗒、嘀嗒……”的声音，我无意间抬了下头，发现时针已经悄悄地跃过了“12”。

“咕噜噜、咕噜噜……”此时此刻，肚子很不争气地响了起来。正当我翻箱倒柜地找东西填肚子时，“砰”的一声，门开了，爸爸回来了。他急匆匆地打开饭盒，只见饭盒中有米饭、鸡腿、红烧肉，还有鸡蛋汤，香气四溢，呵，真是色香味俱全！我沉浸在盒饭的香味中，突然爸爸的手机响了：“……好好，我马上过来。”“琦琦，你自己吃吧，我去上班了。”就这样硬生生地撂下这么一句话，爸爸就如闪电般地飞出了门。又是一声“砰”，我被孤零零地关在了家里。一切又恢复了以往的安静，除了无奈还是无奈。我不禁质问：工作是很重要，可工作难道比女儿还重要？爸，妈，你们的关心哪儿去了，你们的陪伴哪儿去了？我紧紧地抱着饭盒，噘着嘴巴，站在阳台上两眼失神地看着匆匆离去的爸爸，伤心地笑了。算了，先吃饭吧。

我拿做作业来打发空虚的时间。做完作业后，我想打个电话给妈妈。“您好，您拨打的用户正在通话中，请稍后再拨。”听着这熟悉却不亲切的声音，我愣了一会儿。没办法，我只能一遍又一遍地重复着之前的动作，好多遍后电话终于拨通了。话筒的那边传来的是一片嘈杂，我还没来得及说什么，妈妈就说：“我现在很忙，一会儿给你打。”“嘟嘟嘟……”电话挂了，这个短暂的过程结束得比想象中的还要快。我一甩手将手机摔到沙发上，整个人如失了魂似的一屁股坐在了地板上，也不管地板传来的透骨的寒意。

“爸爸，妈妈，你们回来吧，不要让我一个人在家，你们多陪陪我好吗？难道你们不爱我了吗？”听着自己发自内心的呐喊，我的视线模糊了，眼泪像关不住的水龙头“哗哗”地流了出来。

这眼泪，湿了脸颊，黑了天空……

我的朋友

李烨博

晴天时，我们每时每刻抬起头，都能看到天上许多的云在向我们招手问好。

如果你仔细去看它，会发现云的形状真是太多变了。我们内心的许多情绪，自己未必能找到贴切的语言去表达，而这云，它会用无限多的形状来帮助我们更清晰地表达出来。

它们变成手的样子，是在向我问好吗？又变成棉花糖的样子，是怕我饿了吗？又变成字母的样子，是要跟我交流吗？它们悠悠地飞在上空，一副怡然自得的样子。云也有物我两忘的时刻？

小时候，我爱向云倾诉心情，不管我怎么发泄，它都笑眯眯地看着我，仿佛在说：男子汉大丈夫，哭又解决不了问题，还不如好好做，争取下次做好不就行了吗？当时天真烂漫的我便整理心情，重新开始。慢慢地，白云成了我的朋友，我们一起回家，它陪伴着我，我也陪伴着它。

放了假，我便与它坐在台阶上，互相聊着各自快乐的事情，虽然语言不同，可是并不影响我们的交流。直到夜色悄然织上天空，月亮高高挂起，我们才含泪而别。我好想到云的世界看一看，可是我不会飞，茫茫天河把我们隔开了，一个在天，一个在地，我们互相思念着，盼望着。

随着年级的升高，我多么想回到那时啊！不过，现在换我安慰它了。高兴的时候，它变出奇形怪状的图形给我看；悲伤的时候，雨仿佛就是它的泪花，“滴滴答答”地往下流。我安慰它，它却似乎听不见。

现在蓦然回首，莞尔一笑，才发现自己的行为是多么可笑，我真是佩服当时的自己竟然那般天真。

有朋自远方来，不亦乐乎。

“打股”特别行动

苏玮博

“啊哈！又赚了！”

“哎呀！买亏了！”

“……”

耳畔又传来了爸爸时而欢喜时而惋惜的吆喝。唉！自从买了电脑，爸爸便不分昼夜地研究着股票，已经到了走火入魔、废寝忘食的地步。

我和妈妈看着他深陷于股市的深渊中，只能在一旁无奈地摇头叹气，谁让爸爸是一家之主呢！最近，股市出了奇地猛涨，爸爸更是将大部分精力投入到红绿交织的股海里。看着爸爸如此痴迷于股票，我们可是万分焦急呀！不行，不能让爸爸如此这般沉迷下去！

于是，我和妈妈精心策划了一次“打股”特别行动。

房间里传来了爸爸的鼾声，确定他睡熟后，我和妈妈蹑手蹑脚地走出房间，来到书房，打开电脑，世界仿佛在这一刻静了下来，只能听见我们“怦怦”的心跳声。妈妈小心翼翼地轻敲鼠标，生怕一不小心发出声响把爸爸吵醒了，到时候，可就前功尽弃了。我们战战兢兢地给电脑设置好密码后，便悄悄地回了房间。值得庆幸，我们的计划顺利实施，万事俱备，只欠东风。

“咦？昨天关的时候明明没有设密码呀！奇怪了！”我和妈妈听见了爸爸的嘀咕，不约而同地捂着嘴笑，暗自窃喜。

就在我们认为爸爸无计可施之时，他从书房走了出来，我和妈妈见状，立刻把脸上的表情转为严肃，若无其事地做着各自的事。

“电脑是你们锁的吧？”爸爸用质问的语气问我们，看来他已经隐隐猜出了几分。

“没有啊，怎么回事？”妈妈一脸纳闷，我在一旁偷着乐。

“难道家里有贼？”爸爸的目光恶狠狠地盯着我。

想瞒天过海怕是不行了，我思索着，干脆一不做二不休，坦白了吧。“没错，是我们锁的，主要是为了纠正你的不良习惯。”

爸爸愣了愣，本以为他会大发雷霆，没想到他竟哀求妈妈：“老婆大人，您行行好，把电脑开了吧，有什么条件尽管提！”

我在一旁大笑起来，妈妈禁不住爸爸的软磨硬泡，终于大发慈悲：“想开电脑，可以呀……”爸爸听了，正要高兴，“不过，每天都要减少三小时，如果你不遵守，那就别怪我再把电脑锁上哦！”

爸爸听了，身子一软，坐在了地上，真是欲哭无泪啊！我和妈妈相视一笑，哈哈，特别行动圆满成功！

可恶的“502”

王　玉

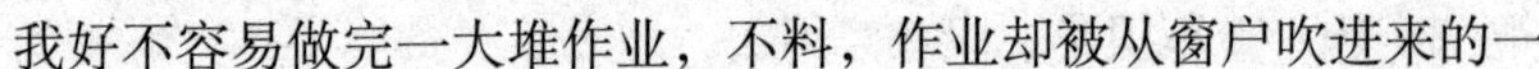

我好不容易做完一大堆作业，不料，作业却被从窗户吹进来的一

阵风吹到了地板上，又被狗狗兴高采烈地撕了个够。唉，谁叫那时我正专心地沉浸在《熊出没》的动画片里呢？

怎么办？怎么办？想起来了！我好像听爸爸说过，他买回了一管“502”强力胶水，用来粘贴被我不小心摔坏了的紫砂壶盖。强力胶，好，要的就是这个效果，这下哪怕是狼来咬作业我也不怕了！

东翻西找，我终于在茶几的小抽屉里找到了：尖尖的白帽，黑黑的字眼，真是我的大救星啊。我拧开盖子，小心翼翼地往外挤压胶水，珍惜得就跟琼浆玉液似的。

先粘语文作业。语文老师又唠叨又厉害，还会向家长告黑状，惹不得。我先把一张碎了的语文作业铺平，反扣过去，从背面拼接好，又在接缝处零零星星地点上强力胶。然后撕一张同样大小的纸，准备一下子糊上去。

忽然，“呼”的一声，窗外又吹来一阵风，像故意和我作对似的。“哗”的一声，我那还没来得及戴上假面具的“碎作业”，像疯了一样溜到了地板上。我刚准备弯腰来个“海底捞”，又一阵风，吹落下了第二张碎作业，还有第三张、第四张，也逃命似的追来了……天哪，那麻点一样的胶水，像被施了魔法，立刻拉扯上了几片碎作业。我伸手去揭，又粘了我一手。我赶忙在裤腿上擦擦，希望把手弄干净，奇怪的是，手没擦干净，裤子上又粘上了一些……

正当我焦头烂额之时，那该死的狗狗又冲过来帮倒忙——它又扑又跳，又叫又闹，撒着欢儿地打冲锋。我的心碎了……

赶走狗狗，关上窗户，静静的房间里只剩下我和一地“碎作业”。我流着眼泪，小心地把作业们一一捡起，又用“麻点手”好不容易把作业们拼成了一张“大花脸”，却发现，桌面上也有了麻点点。

回家的爸爸听了我的诉苦后，嘀咕着：“那可是强力胶啊，洗不掉！你就一天到晚举着麻点手，用你那张麻点桌吧。”妈妈就知道心疼那条没穿几次的裤子，不停地说：“这可怎么办呢？”

“可恶的‘502’，都是你惹的祸！”我真想狠狠地摔它一下。爸爸提醒我：“到底是你可恶还是‘502’可恶？”想想，唉，还是自己不好，为什么不早点儿把写好的宝贵作业收起来放进书包里呢？为什么不看管好狗狗呢？为什么那么贪心地看电视呢？……

窗前的那一株小花

去年夏天的一个上午，阳光并不是很强烈，泛着一丝丝暖人的夏意。一条小路上，遍地都是一株株娇小可爱的野花，从小路的一头一直蔓延到尽头。

开弓——放!

姚文杰

一向寂静的射箭馆里进来了一群人，他们个个身强体壮，虎背熊腰，一看就知道实力非凡!

我是一名队员

我来到了射箭馆，走到了一堵挂着很多弓的墙边，打量了好一会儿，取下一把最重的反曲弓，走到一个箭筒前，两脚分开，将头转向靶子，用鹰一般的眼睛死死盯住靶心，抽出一支羽箭搭在弓上，两根手指紧紧夹住箭，将弓弦拉开，瞄准了靶心，猛地一放。

“嘣——嘣——”十二支箭全部射出，我算了一下，116环的成绩，不错!

我 是 箭

那些人一来，就拿起我，把我搭在一根绳子上，举到空中。不一会儿，我感觉自己被两根手指紧紧地夹住并快速后退，后退——噢不，我被迅猛地向后拉。这人用劲儿怎么这么猛！这绳子的弹力怎么

这么大！我尾巴痛死了……话音未落，我突然感觉四面兜风，不是风在吹，而是我在向前飞。当我沉浸在这火箭般的速度中时，猛地抬头一看，突然发现自己正向好多花花绿绿的环飞去。我还没反应过来，已经一头栽在一颗红心里了。我真想说一句：“对不起，没弄疼你吧？我也不想这样啊！”没想到身后响起了一阵热烈的掌声，我终于明白了，我全部的意义在于射中那颗叫作“靶心”的红心。

我是靶子

我是一个靶子，和人一样，也有一颗“闪亮的红心”，起码在队员的眼里是这样。我的心脏可不像人一样，在左边，而是在正中间。除了心脏，我的身上还有白、黑、蓝、黄四种颜色组成的大大小小的九个环，正因为这长相，使我在射箭这项运动中贡献巨大。要是没有我，运动员怎么瞄准？裁判怎么给分？

但是这份工作也不好做。“啊——”一阵突如其来的刺痛把我惊醒了，我低头一看，一支羽箭不偏不倚插在了我心脏的位置，接着，接二连三的箭“嘣、嘣”地射来，不一会儿，我心脏的位置已经千疮百孔了。

那名射中我的队员定了定神，调整好呼吸，又开始继续瞄准……

小 皮 鞭

邹 涛

从我上小学一年级起，爸爸就做了一条二尺长的小皮鞭，说是在我犯错误时揍我用。从此，我和小皮鞭进行了“六年战争”。

我上一至三年级时，是小皮鞭最“火”的时候。如果我上学淘气，考试成绩不好，或是作业写得马虎，回家后爸爸就会拿起小皮鞭，然后问我：“说，抽几下？”我便开始老一套——软磨硬泡。但多数时候，最后的一顿抽是免不了的。

“制服”爸爸？我没那么大本事，只有和小皮鞭较量一番了。一个星期天的中午，爸爸妈妈都在睡午觉。机会来了，我偷偷摸摸地把小皮鞭扔进了垃圾箱。拜拜了，让我吃尽苦头的小皮鞭！万万没想到，爸爸在清理垃圾时，发现了小皮鞭，又把它“营救”回来了。看来，扔不是办法。我绞尽脑汁，想出了第二条妙计——藏。起初，我把小皮鞭藏在床底下、柜子后面，可不知怎么的，每次爸爸总能轻而易举地找到它。

就在我彻底没咒念的时候，我又多了一个“战友”——邻居家的小弟弟。说来也巧，一次他淘气，他妈妈到我家借走小皮鞭，回家后，对小弟弟来了一通“打你没商量”。从此他也恨上了这条小皮鞭。还是小弟弟聪明，他把小皮鞭塞进我家洗衣机的下水管里，既不

影响洗衣机的使用，又一点儿也看不出来。

小皮鞭的“出头之日”是妈妈要挪洗衣机那天，她发现下水管直直的、硬硬的，又很重，拿起来一看，小皮鞭冒了出来。

六年来，我和小皮鞭的“战争”从未间断，但多数时候是我输。升入六年级之后，不知不觉，半年多过去了，爸爸再也没有用小皮鞭教训我。因为我现在学习、纪律都有进步，同学们说我责任心强，还选我当学习委员。我改掉了一些坏毛病，大概也有小皮鞭的功劳。

前些日子，我们要搬进新房子。收拾东西时，爸爸说我有自觉性了，用不着这条小皮鞭了，扔了吧，不往新家里带了。它原来是我多次想拔掉的“眼中钉”，不知为什么，这时反而舍不得扔了，它，记录了我成长的烦恼和家长的心血，最终，我还是把它带到了新家。

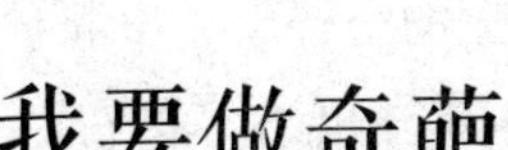

我要做奇葩

孟宇新

听说过“奇葩”这个词吗？它原指奇特而美丽的花朵。现在在网络上很火，比喻某人某事十分离奇，不落世俗，个性十足，世间罕见或十分好笑，等等。

那天，我在一本杂志上看到一道测试题：浴缸里有很多水，用什么方法能以最快的速度把水放光？A.用大勺子舀出。B.把浴缸砸了。C.用脸盆把水舀出。D.用吸管把水吸出来。我想都没想果断地选了D，结果，一看答案，哇，我竟然是奇葩八级！属于奇葩中的奇葩。

我正美得拍手鼓掌呢，老妈被吸引了过来，问明缘由后，老妈看着我问："那你说说，怎么用吸管把浴缸里的水吸出来呢？"妈妈的话一下子把我问住了，是呀，只顾高兴了，我还真没想过怎么个吸法呢！我快速转动脑筋，有了！我把一个吸奶用的塑料管放进水杯里，很快就吸下去半杯水，可不能用它来吸浴缸里的水吧？老妈提醒我："我想起来了，物理学上的虹吸现象准能解决这个问题！"我满脸疑惑地望着老妈问："妈妈，什么叫虹吸现象？我不懂呀！"妈妈一挥手："去百度！"

很快我就知道了，所谓的虹吸现象，指的是由于大气压的作用，液体由液面比较高的容器，通过曲管越过高处而流入液面较低的容器里。

我马上拿来两个杯子，一个杯子盛满水放在茶几上，另一个空杯子放在矮凳上，又找来一根吸奶用的弯管，一头插进盛满水的杯子里，另一头正对着矮凳上的空杯子，用嘴轻轻一吸，再迅速把吸管拿出嘴巴，水就源源不断地流出来，落在空杯子里，只一小会儿，满满一杯水就流进了下面的杯子里。我高兴地欢呼起来："试验成功啦！"我很有把握地告诉妈妈，找一根长管就能把浴缸里的水吸出来，妈妈直点头。

周一爸爸送我去上学，需要先往摩托车里加油，爸爸提起满满一桶汽油，皱着眉头自言自语："唉，又得洒一些油了！"我灵机一动，想起了"虹吸现象"，就对爸爸说："我有更好的办法，等我一下！"我马上拿来一条细长的塑料管，一头放进油桶里，把油桶放在比油箱高一些的地方，用嘴对着塑料管的另一头用力吸着，待汽油流近管口时，迅速张开嘴巴，把管口放进油箱里，只一会儿，油箱就加满油了，我快速拿起管子。

老爸满脸笑容，不住口地夸我："哇，一滴油也没洒，我女儿真厉害，太聪明了！这么好的办法，我怎么就没有想到呢！"

你们看，我还算得上是个八级奇葩吧？

你

陈欣怡

三岁，我第一次见你，你尖长的脸上挂着一双不大不小的眼睛，一个不大不小的塌鼻子，一张不大不小的嘴里长着不太整齐的牙齿。胆小的我跟着胆大的你，从见你的那一刻起，我不再畏惧幼儿园。

四岁，我们一起做手工，两个小小的人儿拿着比手还大的剪刀，抓着白白的纸。你的右手拿着剪刀，我的左手拿着胶棒。我们坐在同样高的板凳上，同样皱着眉头研究着这些完全搞不懂的东西，同样的迷糊，同样的茫然，同样的我和你。

五岁，我们到了会玩的年龄，不管天气好坏，小区里总有我们的身影，我们骑着脚踏车、玩着“扭扭车”、滑着滑板、堆雪人、打雪仗……我们的欢歌笑语洒满了整个小区。

六岁，我们在清新却又陌生的校园相见，你呆呆地站在楼道，我也如此，傻傻地看着来来往往的人。我不经意地回头，正好撞到了你的目光，惊讶地发现我们不仅在同一所学校，而且在同一个班，心里装不下的快乐向外涌着，我们在一起度过了迷茫的一年级。

上学的时光总是过得很快，一眨眼，我们在七岁、八岁、九岁、十岁这四年里，曾经一起叠小星星，一起许下愿望：愿我们永远在一起，永远是好朋友。我们曾经在黑夜中哭过、笑过、闹过。我们曾经一起去看外面的世界，在北京的欢乐谷，我们坐在一起，披着雨衣，胆小的我闭着眼睛，低着头，你牵着我的手，一起玩巨浪冲水，北京的天空中飘荡着我们的欢声笑语。我们曾经一起学习古筝，一起上课外辅导班，一起讨论问题，一起拥有共同的小秘密……

十一岁，我们长大了，我惊奇地发现，你变了，从前那个女汉子不见了，取而代之的是一个亭亭玉立的小淑女，眼睛变得如水晶般美丽，从前一分钟都不安静的你何时变得如此娴静？你的背影，让我觉得陌生又熟悉，不知为何，从你的背影中，我总是能依稀看见童年那个充满稚气的你……

转瞬间，时光带着我们一起快乐地走过了十年，看似很短暂，殊不知，人生有几个十年？感谢你，我的童年伙伴！

春分，一个好玩的节气

陈　熙

春分是一个很有趣的节气，以前我只知道这一天的白天跟黑夜一样长。春分前一天，老师布置了一个特别的作业，要我们更多地了解一些春分的习俗。我特意上网查了查，春分有一个有趣的习俗深深地吸引了我——竖蛋。

说试就试。我打开冰箱，里面却一个鸡蛋也没有。这个难不倒我。我拿了钱，到楼下的超市买了十个鸡蛋。回来的路上，我心里直嘀咕：怎么竖蛋呢？这圆溜溜的鸡蛋真的能竖起来吗？我摸着那一个个光滑的蛋，笑了，心里充满了期待。

一进家门，鞋都还没来得及换，我就快速拿出一个蛋来。不料，一下子没拿稳，鸡蛋“啪”一声掉在地上，像一朵花似的。我赶紧清理干净。

我小心翼翼地又拿出一个蛋，先抚摸了一会儿，细细一看：它尖尖的，圆圆的，一头略大，一头略小些，像一个胖娃娃似的。我瞪着鸡蛋，自言自语道：“你可要争气哦，一定要成功，不然我就吃了你！”我试着把它立在厨房光滑的大理石上，倒了；又立，再倒；再立……手扶着鸡蛋上边，不成，我就扶着鸡蛋的下边。右手累了，又换成左手。重复了十来下，我只好认输了——看来这只蛋真是“扶不起的阿斗”啊。

我从剩下的八只鸡蛋里挑挑拣拣，又取出一个，抚摸了一会儿，温柔地说：“小蛋蛋啊，我这次可全靠你了，等你成功了，我就封你为蛋蛋国王！”我聚精会神地盯着它，双手把它稳住，缓缓转动，又定了好几秒钟，然后缓缓地松开手。嘿，它稳稳地立在那儿了！真像一个挺着啤酒肚，很有声望的国王似的。我看着它，嫣然一笑，说：“我可是一个节约的孩子，你呢，我要留作纪念；剩下的蛋，也就是你王国里的八个子民，就要落入我的虎口啦。”我停顿了一会儿，又说：“你不说话，我就当你答应啦。”我打着火，把其余的八个蛋做成煎蛋，淋上酱油，就是全家人的一顿美餐啦。不过，爸爸妈妈回来的时候，他们夸得更多的不是我的厨艺，而是那个立起来的高傲的“国王”。

俗话说，“春分到，蛋儿俏”。春分，可真是个好玩的节气呀！

我发现了根的秘密

苏 畅

一天，我和妈妈一起挖萝卜，挖着挖着，我突然对萝卜的根产生了兴趣。为什么萝卜的根部有着长长的“尾巴”，周围还有好多“胡须”呢？为什么有的植物根部只有“胡须”呢？我连忙请教当老师的妈妈。妈妈告诉我，根部有着长长的“尾巴”，周围还有好多“胡须”的是直根系植物，而根部只有“胡须”的是须根系植物。妈妈的话让我有些丈二和尚——摸不着头脑。妈妈笑着说：“这样吧，你动手做一个实验就明白了。”

在妈妈的指导下，我开始着手做起了小实验。我们准备了一些植物的种子，有大豆、青菜籽、稻谷和小麦。妈妈先让我用温水将这些“小可爱”浸泡了几个小时，让它们喝足了水。接着妈妈分别取出几粒种子，让我将它们的种皮剥去后观察。我发现，大豆和菜籽种子有两个瓣，而稻谷和小麦的种子只有一个瓣。妈妈告诉我，种子的瓣叫子叶，有两片瓣的叫双子叶植物，有一片瓣的叫单子叶植物。然后，吩咐我将其余浸泡的种子分别种在花盆里，几天之后再去观察。

几天后，这些种子长出了嫩叶。我又有了一个重大发现，大豆和青菜长出的嫩叶是一对，而水稻和小麦长出的嫩叶是一片。我迫不及待地想看看它们的根长啥样儿。妈妈说：“现在不行，它们太小了，根还没完全长成呢，你得再等几天。”

又是几天过去了，我可着急了。我偷偷地拔出几棵幼苗，盼望已久的根终于出现了。我把它们视作珍宝，用手轻轻扒开沾在根上的泥土。奇怪了，大豆和青菜的根系都有长长的“尾巴”，“尾巴”周围有密密的“胡须”；小麦和水稻的根系则只有“胡须”。我赶紧向妈妈汇报，妈妈说：“这下你应该知道实验的结果了。”原来，大豆、青菜等双子叶植物的根系是直根系，水稻、小麦等单子叶植物的根系是须根系。

妈妈又告诉我，农民伯伯为了增加收入，经常将一些双子叶植物和单子叶植物间隔种在一块田地里。须根系植物的根入土较浅，可以充分吸收利用浅层土壤的水分和养料。直根系植物的根入土较深，可以充分吸收利用深层土壤的水分和养料。

听了妈妈的介绍，我受益匪浅，心想：植物的根真是太奇妙了！我还要探索更多关于植物的奥秘。

帮奶奶圆梦

刘伟伟

再过一个月就是奶奶的八十大寿了。该送什么礼物给奶奶呢？我想来想去，算了，还是先问问奶奶吧，她喜欢什么我就送什么。

“奶奶，您快过生日了，想要什么礼物呢？”我蹦到奶奶身边问。“苏苏，奶奶什么都不想要，要是你爷爷能陪我拍一次婚纱照就好了。”呵呵，我忍不住想笑，没想到，奶奶老了老了，还想赶一回时髦。我拍拍胸脯：“这事包在我身上！”奶奶撇了撇嘴，又摇了摇头：“你爷爷那个‘老古董’，我都和他商量一年了，他就是不答应……”

“这事包给我，奶奶你就放心吧！”说完，我一阵风似的跑走了。

爷爷正坐在沙发上看电视呢。我抱着爷爷的胳膊就开始撒娇：“爷爷，奶奶生日时，您打算送什么礼物给奶奶呢？”“嗯，这个嘛，我早就想好了，给她求个平安符吧，祝福她一下就行了。”爷爷的话，让我头上直冒冷汗，爷爷也太没情调了。我想起奶奶刚才说的话，心想，对付爷爷这种“老古董”，硬的不行，只能来软的。

我继续撒娇：“爷爷，您爱不爱我？”爷爷斩钉截铁地说：“当然，这还用问？”我立即追问：“那我有一个小小的要求，您答应不？”爷爷不假思索地说：“只要不是让爷爷去天上摘星星，爷爷什么都答应你。”嘻嘻，爷爷中了我的圈套了！我趴到爷爷耳边低语一番，没想到爷爷像被蜜蜂蜇了似的，身子猛地一挺，连连摆手说：“什么？不行！都一大把年纪了，还拍婚纱照？涂脂抹粉的，打扮得都不像自己了，跟个老妖精似的，绝对不行！”

我怏怏地坐到一边，脸像霜打的茄子，但心里还在盘算着怎么让爷爷“就范”。爷爷见我不高兴了，左解释，右解释，我才不听呢，捂着耳朵说：“刚才还说什么都答应我，没几秒就出尔反尔，您惹我不高兴了！”

爷爷支支吾吾了半天，不知道怎么应付我。我见火候差不多了，便从硬攻转为软攻，苦口婆心地对爷爷说：“您知道吗，奶奶已经这么大岁数了，她最大的心愿就是和您照一次婚纱照，您就答应吧……”在我的软磨硬泡下，爷爷终于答应了，选了个好日子，陪奶奶去了照相馆。

更衣间里，爷爷穿了一套黑色的绅士服。“嗯，这套还不错！”爷爷边照镜子边点评，嘴都合不拢了。不一会儿，奶奶穿着白色的纱裙款款走来。“哇，奶奶您好漂亮哦！”我不由得赞叹道。奶奶害羞地笑着，款款走向爷爷：“好了，老头子，我们照相吧！”

随着照相机的“咔嚓”声，奶奶终于圆了她的梦，拥有了迟来的婚纱照，我的心里也美滋滋的。

讨厌夏天的N个理由

刘柏君

按理说，夏天很好呀！可以吃到甜甜的西瓜，可以穿上美美的裙子，还可以享受到长长的假期……在大多数人的眼里，夏天都是浪漫的，美好的，值得喜爱的。而我却讨厌夏天。下面，我就来说说讨厌夏天的N个理由吧。

夏天，酷热难耐。一大清早起床，火辣辣的阳光便肆无忌惮地向你刺来，令你焦躁不安。有时，兴冲冲地冲出家门和小伙伴们一起玩，才跑动几分钟，就满头大汗，让人没了玩的兴致。回到家猛吹空调吧，又会得空调病，真是让人左右为难。

夏天，蚊虫肆虐。虽然有各种各样的防范措施，但还是阻挡不了蚊虫的侵扰。待在家里还好点儿，有灭蚊器、驱蚊液，让你少受蚊虫的叮咬，但是你也不可能永远不出门而变成“家里蹲”呀！只要一到草木茂盛的小区公园，我的脚上、手臂上总会被可恶的蚊虫咬出一个个大包。稍稍一抓，就被抓得红红的。有些疙瘩还算温和，过一阵子就自己消失了；有些疙瘩则“恶狠狠”的，一直长在那儿，直到夏天过了才会消失，甚至还会留下难看的疤痕。曾经因为怕蚊子，我整个夏天都穿着长衣长裤，哎哟，真不知那时的我是怎么熬过来的。

夏天，灾害频发。“六月的天，孩子的脸”，刚才还晴空万里，转眼间，雷电交加、狂风大作。紧接着，大雨滂沱，各种次生灾害相继发生：下水道被堵、汽车被淹、山体滑坡……长江上游暴雨未停，长江中下游洪水暴发，凶猛的江水涌上长江两岸，楼房坍塌，庄稼被毁，两岸的居民叫苦不迭……内陆地区还未消停，沿海地区又遭遇台风强势登陆，风过之处，一片狼藉……

这就是我讨厌夏天的N个理由。

与墨水“大战”

周鹭洋

妈妈总是说我肚子里没有“墨水”，但是从今天起，她再也不能这样说了。今天我喝了好多墨水，还和墨水上演了一场“战斗”呢。

下午最后一节是英语课，我一边听老师讲，一边习惯性地把拆出来的笔芯往嘴里送，吸得津津有味。忽然，我的舌头一凉，居然把笔芯里的一次性墨水吸进了嘴里，一阵强烈的苦涩味道侵袭了我的嘴巴。苦味在我嘴里快速蔓延开来，顿时，整个口腔充满了一种说不清道不明的味道。“啊——怎么这么苦？！”我连忙跑到卫生间，试图把墨水全吐出来。

“呸！呸！呸！”我一口一口地吐着。咦？怎么？全是黑色的？这下完了，整张嘴巴都要变成黑色的了！我对着卫生间的镜子一照，不照不知道，一照吓一跳！镜子里的我，一条舌头全是墨迹，像一条恐怖的大虫！这下可怎么出去见人啊？

赶快洗掉！于是，我用手蘸了点儿水，对着镜子，伸长舌头，在舌头上擦来擦去。“洗刷刷洗刷刷——”虽然老师大声批评我，说什么我会铅中毒之类的话，可我才不害怕呢！虽然张着嘴，我还是哼起了小曲，按着节奏，一顿狂刷。

一分钟，十分钟，二十分钟。英语课下课铃响了，同学们已经放学了。可我还站在镜子前面奋斗着，努力着……过了好久，我停了下来，再仔细看看，哎，那些墨，一大片一大片，都在我舌头上“成家立业”了！上面的黑色，丝毫未减，仿佛在嘲笑我的无能呢！我恼羞成怒，气急败坏，使出了“撒手锏”，我从书包里掏出一把尺子，不管三七二十一，伸到嘴里，刮了起来。可是三下两下，我的舌头就火辣辣地痛了起来，舌头痛苦地呻吟着：怎么那么痛？我被刺激得一下子蹦离地面“三十尺”高：

“哎——嘶——哈——嘶哈——嘶——，哈——要被妈妈——嘶哈——骂了——嘶哈——”

果然，我看见妈妈正从她的教室里出来：“周鹭洋！你干什么？！”

她的眉头一皱一扬，哦，天哪，不仅仅是舌头，我的全身都开始痛起来了！最后，这场剧烈的战斗，“我方”以惨败告终……

吸笔芯的事儿，以后我再也不敢干啦！

在“不确定”中成长

付博文

记得还没上学时，我一直住在姥姥家，那时一出大门就能看见姥姥种的一排排杨树苗。还有远处那成片成片的绿油油的庄稼。我特别喜欢小树苗那柔嫩的绿叶和软软的枝条，于是也嚷着要种一棵，姥姥便让我亲手栽种了一棵小小的杨树苗。我给它起了个名字叫“点点”。

它是我出生以来第一次亲手种的植物，对我意义重大，我十分在意。我每天定时定量地给它浇水，从来不会偷懒，不会迟到。我怕枯枝会影响它的生长，便精心地为它修剪。我常常坐在它旁边，看着天上的太阳，心里甜甜地想：阳光、雨露什么都不少，我的小树苗一定会茁壮成长的。每当此时，姥姥就会笑呵呵地摸摸我的头。“点点”一天天地长大，它渐渐高过了姥姥栽的小树了。我看在眼里，喜在心上。清晨，看见那青翠欲滴的小叶片，嫩嫩的枝丫，我一天的心情都十分舒畅。但有一件事却一直让我疑惑不解：姥姥从来不像我这样细心地浇灌她的小树，一开始的时候还每天浇水，但从不定时定量，到后来，不是非常干旱，姥姥都不会去给它们浇水。我好心提醒姥姥多次，可她就是不听我的。不过再想想，这也正是我的“点点”比它们都高都绿的原因吧，我心里有点小小的窃喜。

很快九月就要来了，我到了上学的年龄，我紧紧地抱着我的小树“点点”，虽然我只照顾了它两个月，但我真的不愿与它分开，更不愿离开农村那广阔的天地。但我知道，我不得不回到城市那钢筋水泥的世界。我反复叮嘱姥姥，一定要像我一样细心地照顾“点点”，就算姥姥一再向我保证，我还是不放心，每天都要电话遥控一下。到后来，只要姥姥一接起电话就会说：“放心吧宝宝，你的‘点点’很好。”

转眼，一年过去了。由于爸爸妈妈工作太忙，姥姥被接到城里照顾我也有半年了，虽然我把任务反复交代给了姥爷，但我还是放心不下。终于盼到了放暑假，我又可以回姥姥家了。我来不及放下背包，就跑去看我的“点点”，我一定要给它一个大大的拥抱。可眼前的一幕让我呆住了：“点点”枯萎了，干枯的小枝条没有了往日的柔韧，几片黄黄的干叶子挂在上面，看上去摇摇欲坠，和姥姥种的那些小树的朝气蓬勃形成了鲜明的对比。我的泪水禁不住滚滚而下，转身跑回去质问姥爷为什么不照顾好我的小树。姥爷的眼神看上去满是委屈。姥姥把我搂在怀里，“宝宝，你错怪你姥爷了，你的小树一直受到特殊照顾。相反，其他小树没有人照顾。”姥姥温柔地说。“骗人，那我的‘点点’为什么会枯了，其他的树却长得那么好？”姥姥带着我去找“点点”枯萎的真相。当我们扒开土，用小锹挖出小树的根，一切都明白了，“点点”的根没有深深地扎进土壤中。而其他小树的根都是向着下面深深地扎下去。姥姥语重心长地对我说：“种树是百年的基业，开始给它们浇水，是因为它们太小，还不能成活，但也不能太定时定量，因为大自然里的风雨是不会定时定量的。等它们成活了，我们就不能太照顾它们了，我们要让它们自己经历风雨，它们才能学会生存，才能把根深深地扎进土里，才不会害怕干旱、大风、大雨。你的‘点点’让你照顾得太好了，它没有了自己生存的能力！”看着枯萎了的“点点”，我知道这是一次生命的教训。

如今，姥姥种的杨树都已经和房子一样高了，它们都经得起风雨干旱，从来不用姥姥去照顾。相反，它们还可以为姥姥遮风挡雨，全部成了有用之材。人生的路也是一样，在“不确定”中成长，你才会更加坚强，也才会经得起生命中的各种考验。我已是六年级的孩子了，我一直拒绝当温室里的花，我不想成为“点点”，我要让自己在“不确定”中得到淬炼。

我家的狗儿酷酷的

谢海靖

我家的这只狗本来在街上流浪，浑身脏兮兮的，人见人厌。忽然有一天，它被善良的奶奶碰上了，就被带回家养着。因为它全身黑漆漆的，我们都顺口叫它“黑子”。一段时间后，黑子长胖了，肥壮的体形再配上粗大的四肢和毛茸茸的尾巴，看起来很威武，可我一点儿也不喜欢它！你看它，一双眼睛凶神恶煞似的，还总是不停地朝路过的人乱叫，搞得邻居三天两头地找我们投诉，烦都烦死了。但是，奶奶不但没有教训那条恶狗，反而每次都帮它说好话。我气得直跺脚，黑子却像不关它的事一样，天天昂首挺胸地在院子里来回踱步。无奈，我只能装作没看见它。

黑子很偏心！自从来到这个家，它就只对爷爷奶奶摇尾巴，只吃爷爷奶奶给的食物，只对爷爷奶奶哼哼唧唧，至于家里的其他人，它却是一副高高在上爱理不理的样子。奶奶说，那是因为黑子是她和爷爷救下的，所以黑子只认他们。啥？狗也会知恩图报，那猪都能上树了！哼，一定是爷爷奶奶年纪大了，老眼昏花，才看不出它有多凶恶！我轻蔑地看了黑子一眼，没想到那狗却回瞪了我一眼。看看看，它分明就是装乖嘛！哼，装！接着装！臭黑子，总有一天，我要你原形毕露。可是，事与愿违，后来发生的一件事彻底改变了我对黑子的看法。

那个冬天的晚上，天气很冷，月牙儿惨白惨白的，似乎也被冻得很难过。于是，我们一家人早早就入睡了。不知为什么，我总是睡不着，只好盯着窗外的天空数星星。数着数着，我的眼皮越来越重，就在我快要睡着时，那只臭黑子却"汪汪"地叫起来。我以为是有人路过，正想翻身继续睡，院子里却传来低低的说话声："哼，这条死狗，前天就坏了我们的大事，还敢咬我！今天，我们有备而来，看我不弄死它！""对，弄死它！"另一个声音附和道。

我一个激灵，瞌睡虫一下子跑光光：有小偷！我蹑手蹑脚地爬出被窝，猫着腰来到窗户边，小心地探出身子向外查看。借着淡淡的月光，我模模糊糊地看到院子里多了两个蒙着脸的人。他们一个站在黑子的前面，手里抓着一把铲土的大铁锹，正作势要往黑子的头上敲；另一个站在黑子的身后，张着手弓着腰，似乎要瞅空子扑上去抓住黑子。

我急忙离开窗户，先用屋里的电话小声地报了警。警察叔叔告诉我，悄悄地叫醒家里人做好防范，他们一会儿就到。于是我又摸着黑推开家里其他人的房门，然后我们一起藏到大门后面观察动静。

此时，黑子还在和那两个坏人搏斗。它腾挪闪躲，身姿矫健，那两个坏蛋几次伸手，几次挥锹，都被黑子灵活地躲过了。忽然，黑子纵身而起，往前一扑，咬住了那个拿铁锹的坏蛋的手臂，那个坏蛋连连甩手，想把黑子甩开。可是黑子咬得死死的，那个人怎么也挣不开。这时，后面的坏蛋趁机上前，掐住了黑子的脖子。手臂被咬的那个人就用单手举起铁锹，眼看那厚重的铁锹就要砸在黑子头上了，我的心也快从嗓子眼里蹦出来了，忽然，院门外响起了尖锐的警笛声。我们猛地拉开门，一起冲出来。我一把抱住黑子，爷爷奶奶、叔叔婶婶赶紧挡在我的四周，爸爸妈妈去开院门。也许是事出意外，两个小偷一下子像是被定格了，连铁锹都忘了放下来！等他们回过神儿来，警察叔叔的手铐已经铐在了他们的手腕上，而黑子也直到此时才松开口！哦，勇敢的黑子啊，你真是太酷了！激动之下，我忘了以往对黑子的所有嫌恶，抱住它的头，在它毛茸茸的额头上用力地亲了好几口。

当然，从那以后，我再也不讨厌黑子了。尽管它照样对我不理不睬，可我还是尽力去讨好它，逗它开心！在我眼里，它比专门消灭外星入侵者的黑衣人还要酷！

美丽的大海

陈紫阳

大海，是雄伟的，一朵朵浪花拍打沙滩，发出轰轰的浪花声；大海，是壮观的，由远及近，一望无际；大海，是富有的，它蕴含着丰富的矿产；大海，是无私的，它将自己的儿女奉献给人类。大海的一切一切，都是那么美，凡是看到它的人，都无不被它陶醉，我看到了大海后，也深深地陶醉了……

记得我七岁那年，我终于到了海南三亚，一大早，我便早早地起了床。漫步在沙滩上，仰头便望见那一抹淡淡的曙光，旁边点缀着一点一点红，身后一个一个小脚印，海水慢腾腾地流动着。过了一会儿，太阳如一个娇滴滴的姑娘，害羞地东躲西藏，一不小心避开了那一团团如纱衣似的云雾，瞬间，它散发出的光芒照射了整个大地。我终于瞧见了它的真面目，天空中，围绕在太阳附近的云雾渐渐由白变红，更加衬托出太阳的娇羞。云雾渐渐流动着，消失在天空中，阳光没了阻碍，用自己最强的光芒散发出来。整个海上顿时生机勃勃，海鸥们成群结队地从天空飞过，海水不时拍打着干燥的礁石，海浪连着海浪，形成了一个巨大的水花，潮起潮落，一个个贝壳显露在海边，贝壳在阳光的照射下闪闪发光，耀眼无比。金色的波浪此起彼伏，发出“哗哗——”的声音。

没过多久，大海上人山人海，聚满了人。大家都尽情享受着大海带给他们的凉爽，我走在大海的边缘，一个一个小脚印出现在了岸边，远处的海水，在阳光的照射下，像一个个顽皮的孩子向岸边奔来。海水一会儿奔腾不息，一会儿风平浪静，一会儿波涛汹涌，一会儿波光粼粼，所有的人都不再嬉戏，都驻足观看着这难以言表的美景，我被它深深地陶醉，不得不感叹到：大海多美啊！它的吸引力已经将我吸附其中，陶醉于中……

大海，你的一切一切都是那么美丽，你像母亲，给人温暖，有你的地方，欢乐无处不在。

弟弟又变卦了

赵　爽

弟弟是个超级手机迷，近段日子他迷上了《汪汪队立大功》，只要手机被他拿到，他就准看《汪汪队立大功》，并且一看就是一个多小时，妈妈怕他把眼睛看坏了，交给我一个任务，就是让我想尽办法转移弟弟的注意力，让他少看手机。

怎样才能转移他的注意力呢？弟弟看得正起劲儿，哪里肯放手？你要硬把手机夺走，他会一屁股坐地上哇哇大哭，弄得你下不来台。怎么办？对，家里有面包！“成成，这一集咱们看完不看了，好吗？”我带着商量的口气对弟弟说。“不行，我要看汪汪队！”弟弟直盯盯地看着手机，回应了我一句。“这儿有面包，咱们吃面包，不看汪汪队好不好？”我举起手中的面包，在他面前晃了晃，一看到面包，弟弟顿时喜滋滋地应允道：“好的！好的！姐姐！”说着边伸着小手来抓我手中的面包。我把面包往上扬了扬，停在空中。“说话可得算数啊！”“算数！算数！”弟弟干脆利索地答道。为了防止弟弟说话不算数，我还专门用手机录了他所说的话。“这座难攻的城堡终于被我拿下了。”我暗自窃喜，这才把面包给了弟弟。看！这个贪吃的家伙，三下五去二把面包吃了个精光，此时的嘴巴像装了俩鸡蛋，憋得转都转不过弯儿，我禁不住笑他的贪吃相……正乐着，突然发现

弟弟的眼睛里闪过一丝诡秘的光，这是什么表情？我正纳闷。弟弟趁我不备，拿起手机就往外跑。我顿时恍然大悟，忙在后面追赶："说过吃了面包不看的，怎么又看？哼！你这个小骗子，把面包吃完了现在又变卦了。"

这就是我的弟弟。唉，这个难缠的弟弟，这个馋嘴的弟弟，这个手机迷弟弟！谁能给我支个着儿，让我制服这淘气的弟弟，我在这里多谢了！

窗前的那一株小花

林晗磊

去年夏天的一个上午，阳光并不是很强烈，泛着一丝丝暖人的夏意。一条小路上，遍地都是一株株娇小可爱的野花，从小路的一头一直蔓延到另一头。

阳光似粉彩师，将花朵的露珠变得五彩缤纷，给夏日增添了几分美丽的姿色。我突发奇想：采一株带回家种吧。走近细看，每一株的花朵都那么美丽动人，令我舍不得下手，我好像一只小猫，缓慢悠闲地穿梭在一株株小花丛中。

找呀找呀，眼前并没有想象中那样一株独特的花仙子，而我的脸颊两旁早已汗流成河了。正当我转过身时，墙角旁的一株金黄色的小花吸引了我。我快步冲过去，弯下身细细观赏起这株泛金的、黄色的花朵，形状如同微小的百合，却比百合典雅精致，那么惹人喜爱。

瞧，它娇小的身姿高傲地昂起头，尽显无尽的风光，枝条上涂满绿油油的色彩，它就这么浑身发亮地出现在我的眼前，一下子印在我的心上。我用手将它轻轻地从泥土中连根拔起，嫩嫩的根须上带着泥土。我一路小心翼翼地把它带回了家。

回到家，我赶紧拿出阳台上的一只空盆，填满泥土，给这朵奇丽的小花安了家。我把它摆在我的窗前，让它陪伴我每一天。

我一天天精心地呵护着它。秋天，它的花谢了，而茎干却依然挺拔；冬天，霜寒压迫着它娇小的身躯，但是它默默地盼望着春天的来临……终于，在温暖的春天里，它的枝长了，叶子大了，时间令它懂得了生活的艰苦，它更加茁壮地成长。

今年夏季，它又开花了，远看似一只淡黄的凤蝶，近看似一位美丽的花仙子，那金黄色的花瓣里似乎饱含着不一样的成就。炎热的夏日里，我能拥有窗前的这样一株小花，何尝不是一种幸福呢!

眼下，连江凤城见秋风，我凝视着窗前的小花，心中又腾跃起美丽的憧憬。

蹭　饭

于怡鸣

从我记事起，每逢周末我们都会去奶奶家蹭饭。直到现在，即使学习再紧张，爸爸妈妈工作再忙，就算是挤时间，也是周周不落地去蹭饭。

今天又是周末，从培训班一出来，连书包都来不及放，我就坐上爸爸的车，风风火火地往奶奶家赶。坐在汽车上，我不禁想：我们为什么每周都要去蹭饭呢？难道是奶奶的厨艺吸引我们？说实话，奶奶的厨艺的确精湛，可是和那些饭店里的大厨相比，还是有些差距的。而且，每次开车花费的油钱也都够去饭店撮一顿了，更重要的是，每次去奶奶家都得花费半天的时间，这半天的时间多宝贵啊，能做多少有价值的事啊！可是，即便这样，大家为何还这么乐此不疲呢？我终于忍不住了，问妈妈："妈妈，为什么我们非要去奶奶家吃饭呢？"妈妈笑了笑，说："一会儿到了奶奶家，你仔细观察一下就明白了。"

来到奶奶家，我静静地站在一旁"察言观色"。大姑姑和小姑姑早已"捷足先登"了，此时，正帮着在厨房施展厨艺的奶奶打下手呢！妈妈也会在一边时不时地递个姜、剥个葱什么的，姑父也没闲着，正在忙着摆碗筷呢！爷爷见我来了，高兴极了，将我拉到沙发上，和我聊了起来。

开饭了，大家各就各位。爷爷偶尔会喝点儿啤酒，所以，吃饭时，姑姑早早地就会为爷爷倒上一杯，等到酒杯快见底时，姑姑又会及时地给爷爷添满。饭桌上，大家还会谈论一些有趣的、新鲜的事情，真是其乐融融。饭后，妈妈和大姑姑忙着收拾餐桌，姑父仍旧会搭把手，端个碗或者擦擦桌子。收拾完毕，小姑姑已洗好水果，大家坐在沙发上一边吃水果，一边看电视，虽然大家都没有说话，但是却感觉很温馨。

奶奶家和我们家是截然不同的。在我们家，要么不做饭，即使做饭也都是妈妈一个人在厨房忙碌，爸爸泡在电脑上，我则在自己屋里写作业。吃饭时，我们也都严格遵守不说话的规定，迅速"扒拉"几口就完事，然后玩电脑的玩电脑，看电视的看电视，写作业的写作业，各司其事，互不打扰。

我正在想着，这时，妈妈来到我的身边，悄悄地问我观察到了什么。我恍然大悟，原来，我们每周去奶奶家蹭的不是饭，而是家的感觉，那种其乐融融的家的氛围。

一波三折取名字

黄涵钰

我们每个人都有一个属于自己的名字，这名字会伴随我们一生，名字中包含着父母对我们的希望。我的名字是怎么来的呢？有一天，我好奇地问爸爸妈妈，他们微笑着回答了我。我这才知道，爸爸妈妈为了给我取名字可是操碎了心呢!

黄悦花。黄悦花是爸妈苦思冥想出来的第一个名字，这是妈妈的提议：“不如就叫黄悦花吧！喜悦的悦，像花儿一样美丽，招人喜爱。”站在一旁的爷爷连连摇头：“‘花’字不好听，它经不起风吹雨打，还会凋谢。”于是，这名字只能黯然“出局”了。

黄春才。第一个名字淘汰后，大家都一副愁眉苦脸的样子，个个绞尽脑汁，突然，爷爷兴奋地说：“就叫黄春才吧！春天，是万物复苏的季节，到处生机勃勃，给人们带来新一年的希望。才，才华、才学、天才。”“不好！”爸爸若有所思地说，“怎么听起来像个男孩子的名字呢？”这个名字也只好在争论声中“出局”了。

黄雪雅。沉默了一会儿的妈妈突然灵机一动：“叫黄雪雅怎么样？瑞雪兆丰年，又温文尔雅。”正当大家都纷纷表示赞同时，还躺在摇篮中的我不知怎的，竟然号啕大哭起来，大家见状，感觉我一定是不喜欢这个名字，于是立刻取消了这个名字的“竞选资格”。

黄涵钰。经过一轮轮筛选，大家都一筹莫展，此时，博学多才的爸爸“挺身而出”，边说边做着动作，根本掩饰不住心中的激动：“涵，内涵的涵。玉……妈妈姓金……就用‘钰’字吧，宝物的意思。而且不管有没有偏旁，都这个读音，说明不管怎样，她都是拥有内涵的，都是我们家的宝贝儿！就叫黄涵钰怎么样？”“这真是最独特、最恰当的名字啦！”大家眉开眼笑，纷纷点头表示赞同。

爸爸妈妈这么辛苦地为我取了一个好听又有内涵的名字，把他们的希望都寄托在名字里。听了关于名字的故事，我感觉无比幸福。

猫 朋 友

朱佳宁

我们小区里有许多流浪猫，几位好心的老太太收养了它们，人们经常会在院子里见到它们。

有一次，在放学路上，我看到了一只黑白相间的小猫，水灵灵的大眼睛，柔软的四肢，可爱极了！也许是怕人的缘故，它站在我对面，愣愣地望着我。我蹲了下来，与它对视着。我刚想抬起半蹲的身子，小猫便警惕地向后退去，戒备地盯着我。

我连忙停止了动作，怕惊跑了小猫。刚才太鲁莽了，还是不要去惊动它好，但是要如何去摸摸它，怎么让它相信我没有恶意呢？我微微皱了一下眉头，想起了课文中冯骥才和小珍珠鸟的事。对啊，如果我没有伤害它的动作，小猫就会相信我了。于是，我耐心地等待着小猫的示好，温柔地观察它的动静，心里平静得如一潭没有一丝波澜的湖水。

终于，小猫有了些反应。它歪过头打量着我，犹豫地向前走了几步，发出一声轻微的“喵”。小猫眼中的戒备慢慢转变成了好奇，它试探性地踢过来一颗小石子，观察我的反应。我明白，现在过去和它玩耍还有些早，必须等到小猫过来触碰我时，才算真正得到了它的信任。我依然和小猫保持着这个距离，伸出手轻轻地、慢慢地把石子推了回去，继续打趣地望着小猫。小猫低头嗅了嗅石子，又抬起清澈的大眼睛望着一动不动的我。马上就要成功了。

小猫沿着白色的路线悄无声息地走过来，时而低头嗅嗅，时而放慢脚步。我的心也紧张地随之“怦怦”直跳。终于，小猫来到了我的身旁，好奇地“喵喵”叫起来。我缓缓地伸出一只手，想去摸摸小猫，它又习惯性地嗅了嗅，便友好地用头顶顶我的手。我终于得到了小猫的认可。

我的指尖掠过它那光滑的毛，真软！我看着小猫纯洁的眼神，感受到了它深深的信赖。相信小猫在这一刻也一样感受到了我的爱惜与留恋。这一刻，微风吹起，树枝摆动，花儿舞蹈，我和小猫正静静地聆听对方的心里话，敞开心扉，只出于信赖。

撞衫

宋俊磊

前不久，妈妈给我买了一件蓝灰色的外套，我特别喜欢，于是第二天下午，我就迫不及待地穿着它来到学校。

我低着头刚走到教室门口，突然，听见坐在教室最前面的李鹏压低声音喊道："申老师来了！"这句话犹如一声惊雷在教室里炸响。瞧，原本无精打采、昏昏欲睡的同学们一瞬间像打了兴奋剂一样，立刻变得精神抖擞，坐得端端正正。正在扭头与齐翌博说话的海航硕连忙"嗖"地转过身，脸上的笑容荡然无存，装出一副认真读书的样子，身子挺得笔直。正在埋头写数学作业的轩瀚泽，几乎在听到这句话的同时，把早已准备好的语文书压在数学作业本上面，装模作样地读起来。

申老师来了？我下意识地扭过身，没有人啊！老师在哪儿？我一时摸不着头脑，疑惑地看着大家。还是海航硕最先醒悟过来："谁说是申老师？是宋俊磊，可吓死我了！""宋俊磊，你穿的衣服怎么跟申老师的一模一样啊？"一旁的李鹏忍不住问道。我仔细一看，可不是嘛，申老师经常穿一件蓝灰色外套，我的新衣服确实和申老师的衣服相似度很高，而我又是低着头走进教室的，难怪大家误把我当成申老师了。

一场虚惊之后，大家又恢复了原来的状态。过了一会儿，申老师还没有来，我趁机上了趟厕所，回到教室的时候，发现申老师已经在班里了。大家在静静地看书，而海航硕却哭丧着脸，站在座位上，见我进班后，他用愤恨的目光紧盯着我。我十分纳闷：我又没招惹你，干吗这样一副表情呢？后来才知道，原来海航硕一直同别人神吹海侃，看见一个身穿蓝灰色上衣的人进来，以为还是我，就没有理会。结果……

哈哈！没想到我和老师的一次撞衫，竟然引起这么大的风波，真是太有趣了。不过，从这之后，大家强烈要求我不要再穿这一件“撞衫服”了。

午睡，午睡……

陈一菲

吃过午饭，又是一段闲暇时间，我若无其事地整理着画画工具，同时，眼睛紧紧盯着妈妈的一举一动。

今天又要午睡了吧！

我努力揣测着妈妈的意思，并且干扰她的思维——“妈妈，我桌子旁边的衣服要洗了。”“还没有洗碗哦。”“我看见微信上有一条好玩的消息。”

我几乎用遍了所能想到的任何一条计策。可是，很快我心里的“小算盘”就被妈妈发现了。姜还是老的辣，她一边搓着衣服，一边说道："别想逃睡！再过五分钟，你要再不躺到床上去……"唉，只恨我这儿没有个"诸葛亮"，敌不过"曹操"，我只好乖乖顺从。

但是，躲在被窝里闭了眼，我仍然很不甘心，周六下午的美好时光就这么被午睡填满，不行！绝对不行！突然，我想到了客厅里的iPad。反正一会儿爸妈都要睡觉，我装睡上半个小时，然后悄悄出去拿，如果妈妈又打"突击战"，以我平时积累的对抗经验准能逃过。嘿嘿！

一时间，我为自己的大智慧扬扬得意起来，谁说没有"诸葛亮"的刘备就无用了？我照样能与强大的妈妈抗衡。渐渐地，我竟然控制不住"咯咯"笑了起来。妈妈察觉到了我的异常，提高分贝命令道："十分钟后我来检查，你如果还没睡着，就过来和我一起睡！"我一惊，赶紧答应。

"嘀嗒，嘀嗒……"秒针毫无喜怒地走着，我的心也跟着"嘀嗒嘀嗒"。等待是那么漫长，那么枯燥，那么无聊，我盯着天花板，慢慢地消磨着时间。

外面还是能听到妈妈干活的声音，我纳闷：妈妈今天怎么还不睡觉？难道她不困？还是有什么要紧事呀？算了，再等等……

不知过了多久，我实在等不及了，神志开始不清，意识开始模糊……

"啪！"一本书掉在地上，将我惊醒。我揉了揉眼睛，将闹钟举在眼前——三点十五！我居然睡着了！

最终，周六下午的美好时光还是献给了午睡。

牛奶风波

夏菁菁

“家里是该打扫了。”妈妈手拿抹布走进我的房间，说着就开始整理我的床头柜，“菁菁，你床头的书太乱了，选几本不常用的书放在抽屉里吧。”

在一旁写作业的我腾地从椅子上站起来：坏了，我藏的三瓶牛奶还在抽屉里！紧张的我急忙奔过去，把书塞到抽屉里说：“妈，您歇着吧。让我来。”没想到装牛奶的袋子还是被眼尖的妈妈发现了。“等等，那袋子里装的什么？”妈妈指着袋子问我。“嘻嘻，没什么。”我敷衍着，打了一个激灵。妈妈见我神色不对，猜其中有怪，连忙提起袋子，打开一看，顿时火冒三丈：“你这孩子，订牛奶是给你喝的，不是给你糟蹋的！是不是趁我们不注意就把牛奶丢进垃圾桶？”

“不是的，这是我……”

“不是什么？不喝还狡辩！”

“我……”我欲言又止，眼里噙满泪水……

前天放学后，我想去医院看病重的奶奶，便要求和妈妈同去。谁知妈妈一脸严肃：“今天我们都不能去。”我心里很不是滋味：奶奶年纪大了，现在又重病住院，妈妈怎么能这样，看都不让看。奶奶很疼爱我，现在奶奶动了手术，身体虚弱，我要把订的学生奶留给奶奶！于是这几天我积攒了三瓶牛奶放在袋子里，又把袋子藏在床头抽屉里，再等机会偷偷送去医院。

“菁菁，怎么一脸委屈呀？和爸爸说说。”不知什么时候，爸爸回来了，站在我身边。此刻，我再也无法抑制，泪如雨下：“我想奶奶，想去医院看奶奶……”

“去看奶奶？爸爸答应你，现在就去！”

“可，妈妈不让，前天我对妈妈说过。”

“前天？哦，前天你奶奶在重症监护室，医院规定，家属是不允许进去的。”

我心猛地一震，原来是这样！是我误解了妈妈！

我向妈妈道了歉，并说明了藏牛奶的用意。爸爸妈妈微笑着夸我长大了，懂事了，孝顺了。

身后的目光

袁安慧

上午九点半，第二考场里正在进行着英语测试。

她抬头望了望墙上的时钟，还有十分钟就收卷了，可她的卷上还有大片的空白。看着自己的卷子，她心急如焚。“怎么办啊？”她颤抖着小声地说。前几天，还有好心的同学曾提醒她要多复习复习，可正玩得忘形的她却蛮不在乎。想到这儿，她不禁一阵懊恼。唉——

她稳了稳神，往左右看了看。周围同学的试卷都已做完，开始检查了。她更加心急了，仿佛有根燃烧着的鞭子在抽打着她似的。一个念头从心底涌了上来。她瞄了瞄讲台上坐着的监考老师，飞快地从草稿纸上撕下一小片，用铅笔战战兢兢地写了几个题号，瞅着老师一个不留神的机会，赶紧塞到后面的桌上。

可刚一出手她就感觉不安了。不好！后面还有双严厉的眼睛。坏了！坏了！刚才的一切都被发现了。她的心"怦怦怦"地跳着。要知道，她一直以来都是老师眼里的好学生，今天居然——咦！不对啊！监考老师不是坐在前面吗？莫非是巡视的老师从后门进来了？她强按着怦怦直跳的胸口，偷偷地往后面望了望，没人啊！"一定是自己太紧张了。"她小声地安慰自己，"别怕！别怕！"

可就在她静静等待后面同学的消息时，身后的目光又出现了。那目光如一把锋利的剑，直直地刺向她的颈部。她都可以感受到颈部的皮肤下一阵火辣辣的疼。她扭了扭脖子，用眼角的余光偷偷打量了一下四周，监考老师仍然悠闲地坐在讲台上，后面依旧空无一人。

是谁呢？

正疑惑时，她突然感觉椅子后背动了两下。她知道，是身后的同学在踢她的椅子——消息到了！她看了看老师的反应，先将脖子扭了扭，又将手伸了过去，装作给后脑勺挠痒痒，趁机把纸条夹在手指间，再顺势攥进手心接了过来。她将纸条压在试卷下小心翼翼地展开。这是她第一次作弊，她只觉得那纸条白得很刺眼，纸条上的字像黑色的蚂蚁似的，爬来爬去，怎么也看不太清。她深深地吸了一口气，打算定定神，将纸条上那几个救命的字母填进试卷的空格处。那道目光又从身后射过来，刺得她心里发毛，手心里全是汗，耳边也在不住地嗡嗡作响。一阵风从窗户外吹来，她打了个冷战，心跳得更快了。她感到一种前所未有的压迫感向她袭来。她把纸条紧紧地压在卷子下，一动也不敢动。

"铃铃铃……"铃声传来。

"收卷！"老师的声音响起。

她慌忙交了试卷。"我再也不会作弊了。"她心想。就在此时，身后那道目光突然消失了，她紧张的心情方才放松了些。待她走出考场，无意中回头见到后面黑板报上写着："与诚实携手，与诚信同行。"那一瞬间，她明白了。

我的引路人

王小颖

夜深了，马路两旁的路灯散发出柔和又迷人的光芒，像妈妈的眼睛。尽管它们不大引人注意，但它还是执着地照亮前面的道路。在我的心里，妈妈就像这路灯，总是那么明亮。

小时候，我觉得妈妈是万能的。她牵我走路，教我唱歌，陪我游戏；长大了，她帮助我学习，倾听我的烦恼，指正我的错误，教给我做人的道理。在妈妈的注视下，我幸福地长大。

一次，我在学校扫地时发现一支笔，见它很好看，便捡起来放进书包。晚上，妈妈帮我整理书包时看到了，便拿着这支笔，走到我面前，疑惑地望着我："这笔从哪儿来的？""捡的！"我喜滋滋地答道。"这怎么行，交给老师吧！"一瞬间，妈妈的目光变的和往常不同了。"这支笔我太喜欢了，再说我又不是偷的。"我小声说。"绝对不行！这可是不好的行为啊！"

看着妈妈那严肃的脸，我顿时紧张得说不出话来了，心里就像装着一只小兔子。妈妈坐了下来，拍着我的肩膀，语重心长地对我说："孩子，你没听说过一句话吗？君子爱财，取之有道。我们可不能因小失大呀！妈妈知道你一定不是故意拿别人的东西，可明知不是自己的，却据为己有，这和偷窃有什么区别呢？如果一个人小小的年纪就如此，那今后怎么走得正呢？"

妈妈的话语是柔和的，但又是不可争辩的。我的脸顿时红了。对呀！妈妈说得对，我不该这么做。第二天，我把那支捡到的笔交给了老师，果然，我的心里舒坦多了。

妈妈的眼睛，就像马路两旁的路灯，散发出柔和又迷人的光芒，照亮了我前进的道路。她用语言播种，用行为耕耘，用汗水浇灌，用心血滋润，妈妈是我的引路人！